Widmung:
Für meine Tochter Chiara und die Kinder dieser Welt,
damit wir ihnen eine lebenswerte Zukunft hinterlassen.

„Es geht um die Kinder!" **Erich Kästner**

Tobias Plettenbacher

Neues Geld Neue Welt
Die drohende Wirtschaftskrise -
Ursachen und Auswege

planet**VERLAG**

Der Druck dieser Publikation wurde finanziert durch
die Grüne Bildungswerkstatt OÖ

Dieses Werk darf unter folgender Creative Commons Lizenz genutzt werden:
Namensnennung - Keine kommerzielle Nutzung - Weitergabe unter gleichen
Bedingungen 2.0 Österreich

Deutsche Bibliothek CIP Einhcitsaufnahme.
Tobias Plettenbacher: Neues Geld Neue Welt
Die drohende Wirtschaftskrise - Ursachen und Auswege
10. Auflage, 2010
ISBN: 978-3-902555-16-8

Lektorat: Barbara Vanek
Produktion: studio b, Trattenbach
Umschlag, Satz, Gestaltung: cxgratzer, Katalin Pomikacsek
Printed in Austria

planetVERLAG ist eine Einrichtung der Grünen Bildungswerkstatt
Neubaugasse 8, 1070 Wien, E-mail: *planetverlag@gbw.at*,
Web: *www.ooe.gbw.at*

Inhalt

Teil I:	Geld frisst Welt Probleme unseres Geld- und Wirtschaftssystems	10
Teil II:	Neues Geld - Neue Welt Theoretische Lösungsansätze	44
Teil III:	Die Vergangenheit "Neuen Geldes" Blüten und Blütezeiten	62
Teil IV:	Neues Geld in der Praxis Regionale Chancen in einer globalisierten Welt	74
Teil V:	Ein komplementäres Gesamtmodell Gemeinsam neue Wege gehen	128
Anhang:	Literatur - Filme - Links - Organisationen	142

Vorwort

Warum schreibt ein Ökologe ein Buch über Geld? Ist das vielleicht ein Tippfehler? Sollte hier „Ökonom" stehen und jeder hat's übersehen?

Die Antwort ist etwas länger: Als Ökologe beschäftigt man sich jahrelang mit **Umweltproblemen** und sieht Zerstörung und Gefahren besonders deutlich. Denn vieles ging - **von den meisten unbemerkt** - bereits unwiederbringlich verloren. Wer weiß noch, dass das Tiroler Inntal bis in die 50er Jahre ein Meer blauer Irisblüten war. Dass die Nordsee ein üppiger Unterwassergarten mit einer Vielfalt war, die wir heute nur aus Korallenriffen kennen. Dass unsere Kulturlandschaft um viele Blumen, Insekten und Tiere reicher und keine trostlose Monokultur war (die Innviertler Dreifelderwirtschaft ist übrigens Mais, Mais und Mais). Dass täglich ca. 100 Arten aussterben und 50.000 Hektar Regenwald gerodet werden, wo Arten verschwinden, die wir nie „entdeckt" haben. Dass das Ozonloch jährlich weiter wächst. Dass das Klima nicht nur durch CO^2-Ausstoß bedroht ist, sondern durch Stickoxide und Methan (z.B. durch Düngung) oder den Flugverkehr (Kondensstreifen).

Nach all den **Horrorszenarien** beginnt man sich zu fragen, warum wir unsere Lebensgrundlagen so kurzsichtig zerstören, in wenigen Jahren die gesamten Rohstoffreserven der Welt vergeuden und die Zukunft unserer Kinder aufs Spiel setzen. Und diese Fragen führen unweigerlich zu unserem **Wirtschaftssystem**. Bei ATTAC Ried i.I. (Oberösterreich) habe ich mich daher intensiver mit diesen Themen auseinandergesetzt. Doch wieder kommen Fragen auf: Warum zählt nur mehr die kurzfristige Gewinnmaximierung? Warum werden tausende Arbeitsplätze abgebaut und zugleich astronomische Gewinne gemacht? Warum soll unsere Wirtschaft ständig wachsen? Warum nimmt die Kluft zwischen Arm und Reich, 1. und 3. Welt ständig zu? Warum sind fast alle Länder der Erde extrem verschuldet? Warum lacht uns jemand als „Mann des Jahres" von Hochglanzmagazinen entgegen, der mit Spekulationen zehntausende Menschen in Armut und Not gestürzt hat und indirekt für tausendfachen Mord und Hungertod verantwortlich ist?

Dass etwas nicht stimmt, spürt jeder von uns, und dass es so nicht weitergehen kann, sagt uns unser Hausverstand. Und die Fragen führen sehr rasch zu unserem **Geldsystem**, denn dieses ist die Basis unserer Wirtschaft und unserer Gesellschaft, eine der wichtigsten Triebfedern für unser Denken und Handeln. Wenn hier ein Fehler vorliegt, hat dies gravierende Auswirkungen auf alle Bereiche unseres Lebens...

Tobias Plettenbacher, Ried i.I. im November 2007

„Bedienungsanleitung"

Sie werden die Stirn runzeln und sich fragen: Warum benötigt ein Buch eine „**Bedienungsanleitung**"? Der Grund ist, dass Sie dieses Buch auf zwei Arten lesen können:

» **Leseratten**: Sie können dieses Buch wie gewohnt mit ins Bett nehmen, auf der linken Seite Zeile für Zeile beginnen, umblättern und auf der nächsten weiter lesen. Das ergibt einen fortlaufenden Text, der sogar Sinn macht (was man eigentlich von den meisten Büchern erwarten sollte).

» **Lesefaule**: Sie können dieses Buch auch wie eine Tageszeitung durchblättern und die Stichworte und Abbildungen auf der rechten Seite überfliegen. Wenn etwas unklar ist, können Sie auf der linken Seite nachlesen (die zugehörigen Stichworte sind **fett**).

Das Buch besteht aus lauter **Doppelseiten**, die jeweils ein Thema behandeln (mit ganz wenigen Ausnahmen):
» Auf der linken Seite steht der reine Text (gelber Hintergrund),
» rechts Abbildungen, Fotos oder eine Kurzfassung in Stichworten

Dieses Buch verfolgt **keinen wissenschaftlichen Ansatz**, sondern soll möglichst für jede/n lesbar sein. Viele Werke über Geld sind nämlich so trocken, dass es Ihnen nach wenigen Seiten aus den Ohren staubt oder die Augen zu „tränen" beginnen. Leider scheint es im deutschsprachigen Raum (im Gegensatz zum englischsprachigen) schick zu sein, sich so kompliziert wie möglich auszudrücken, meterlange Sätze zu bilden, Seiten zu schinden und mit möglichst vielen Fremdworten um sich zu werfen. Es soll offenbar niemand verstehen, was man schreibt („Wissenschaft"). Zumindest werden SchülerInnen und StudentInnen auf diese Schreibweise gedrillt.

Hier wird versucht, sich auf **das Wesentliche zu beschränken**. Fachausdrücke werden in Klammern ergänzt. Dadurch kann auf 132 Seiten geballtes Wissen vermittelt werden, für das Sie sonst tausende Seiten durchforsten müssten. Natürlich wird Ihnen vertiefende Literatur empfohlen. Eine entsprechende Liste finden Sie im Anhang.

Da es bisher kein Buch zum Thema Geld gibt, das auf die **Situation in Österreich** eingeht, wird hier versucht, möglichst viele Daten aus Österreich zu ergänzen. Wo dies nicht möglich ist, wird auf Daten aus Deutschland zurückgegriffen. Teils ist das Datenmaterial auch veraltet, da viele statistische Daten nicht mehr erhoben werden.

Teil I: Geld frisst Welt

Teil I
Geld frisst Welt
Probleme unseres Geld- und Wirtschaftssystems

„Es sind gar nicht primär Konsum und Gewinnsucht, die den Kapitalismus rastlos vorwärts treiben, sondern die durch Zins und Zinseszins lawinenartig wachsenden Geldvermögen und ein unerbittlicher Zwang, unter dem die Schuldner stehen, nämlich mit jeder Produktion auch den Zins erwirtschaften zu müssen."
Josef Hüwe, dt. Ökonom und Wirtschaftspublizist

Probleme unseres Geld- und Wirtschaftssystems

» Zins - Geldvermögen - Verschuldung
  Die monetäre Teufelsspirale — 12
» Überentwicklung der Geldvermögen und Zinslasten
  Ein Wasserkopf mit Folgen — 14
» Exponentielles und natürliches Wachstum
  Haben Sie je Bäume in den Himmel wachsen sehen? — 16
» Staatsverschuldung systembedingt
  Eine extrem unsoziale Entwicklung — 18
» Umverteilung von Vermögen
  „Wer hat, dem wird gegeben" — 20
» Wie erfolgt die Umverteilung?
  Jeder zahlt Zinsen - auch wer keine Schulden hat — 22
» Einkommensentwicklung in Österreich
  Verdienen durch Besitz nicht durch Arbeit — 24
» ÖsterREICH und ÖsterARM
  Die Schere geht immer weiter auseinander — 26
» Warum brauchen wir Wirtschaftswachstum?
  Volkswirtschaftliche Modellrechnung — 28
» Wachstumszwang und Umweltzerstörung
  Geld frisst Welt - Die Geister, die wir riefen — 30
» Börsenwahn und Spekulationsblasen
  Börsenkrach und Wirtschaftskrise — 32
» Kapital zieht sich aus der Realwirtschaft zurück
  Das Märchen von der freien Marktwirtschaft — 34
» Globalisierung - Liberalisierung - Privatisierung
  Der große Ausverkauf — 36
» Industrialisierung und Arbeitsplatzvernichtung:
  von arbeits- zu kapitalintensiver Produktionsweise — 38
» Zerstörung des Mittelstandes — 40
» Der Fluch des Geldes
  Der Untergang von Hochkulturen — 42

Zins - Geldvermögen - Verschuldung

Das Grundproblem unseres Geld- und Wirtschaftssystems lässt sich auf ein einziges Wort reduzieren: **Zinseszinseffekt**.

Das lässt sich so erklären: Der Geldkreislauf besteht darin, dass Geldvermögen angespart und diese in Form von Krediten verliehen werden. Zusätzlich zur Tilgung müssen aber auch Zinsen zurückgezahlt werden. Dadurch wachsen die Geldvermögen und auch der Schuldenberg automatisch immer weiter - eine monetäre Teufelsspirale.

Das Problem dabei ist ein **mathematisches**: Dieses Wachstum erfolgt nicht gleichmäßig (linear), sondern steigert sich durch den Zinseszinseffekt (Mitverzinsung der Zinsen) immer schneller - man spricht von exponentiellem Wachstum. Diese Art des Wachstums ist widernatürlich und führt auch bei geringen Wachstumsraten (Zinssätzen) in kurzer Zeit zu astronomischen Beträgen, wie wir noch sehen werden.

Solche Fälle bezeichnet man auch als **positive Rückkopplung**: Wenn Sie durch Essen nicht satt, sondern im Gegenteil immer hungriger werden würden, wäre dies ebenfalls eine positive Rückkopplung: Sie würden essen bis zum Platzen. Zum Glück hat die Natur nur negative Rückkopplungen vorgesehen: Sie werden satt. Zu jeder Kraft gibt es eine Gegenkraft, ein Regulativ. Das Problem unseres Geldsystems lässt sich also so umschreiben: Es wird nicht satt - es ist unersättlich.

Leider wird dieses Problem fast nur von **NaturwissenschaftlerInnenn** und TechnikerInnen (PhysikerInnen, ÖkologInnen, IngenieurInnen...) erkannt. ÖkonomInnen haben offenbar kein Verständnis für reale Prozesse. Außerdem scheinen sie oft einfach nicht rechnen zu können oder zu wollen. Die untere Grafik zeigt, wie durch den Geldkreislauf **Schulden und Vermögen** im gleichen Ausmaß wachsen. Die Summe der Schulden von Staat, Unternehmen und Haushalten Deutschlands überstieg 2000 bereits 11 Billionen Euro. In 500 Euro-Scheinen aufeinander gestapelt, wäre dies ein ca. 2200 km hoher Turm (17% des Erddurchmessers)! Und diese Entwicklung muss systembedingt so weiter gehen. Solange die Vermögen wachsen, muss auch der Schuldenberg wachsen.

Doch warum müssen Vermögen wachsen? Die Voraussetzung, dass GeldbesitzerInnen Geld herleihen, sind **positive Zinsen** - sie wollen mehr zurück als sie verliehen haben. Wenn der Zinssatz unter eine **magische Grenze** von 2-3% fällt (in den 90ern wurde diese bei 6% angesetzt), ist niemand bereit, Geld zu verleihen (sog. Liquiditätsfalle) - die Wirtschaft bricht zusammen (Deflation). Die Wirtschaftspolitik muss also immer darauf achten, den Zinssatz über dieser Grenze zu halten.

Die monetäre Teufelsspirale

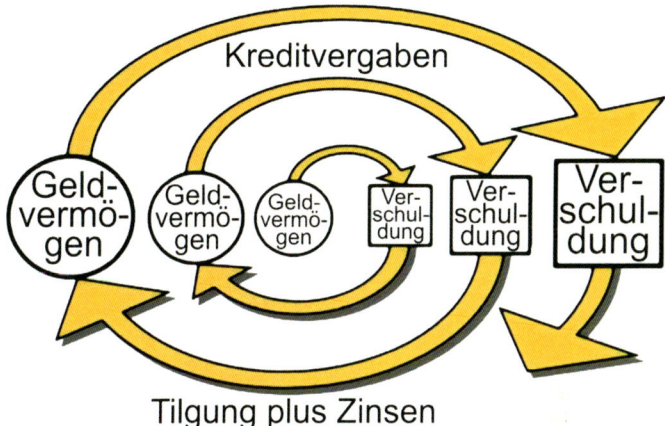

Die monetäre Teufelsspirale © Helmut Creutz Nr. 046
Eskalation der Vermögen und Schulden durch Zinsen

*„Nationalökonomie ist, wenn die Leute sich wundern,
warum sie kein Geld haben."* **Kurt Tucholsky**

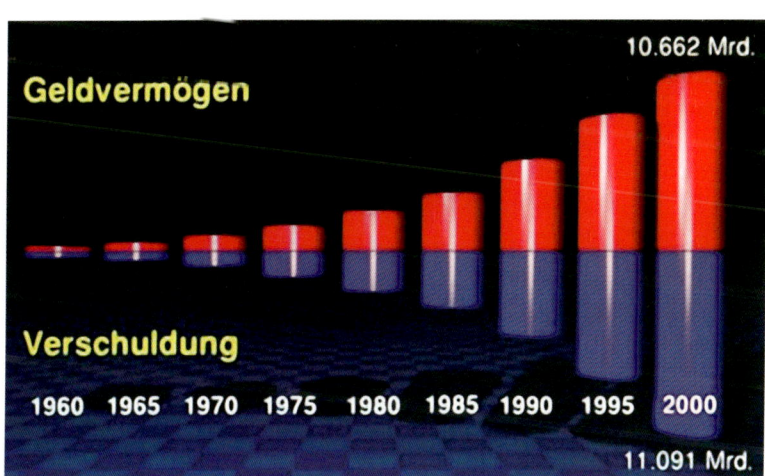

Entwicklung von Geldvermögen und Verschuldung
Deutschland 1960-2000 in Mrd. Euro   © Günter Hannich

Überentwicklung der Geldvermögen und Zinslasten

Die Entwicklungen der Schulden und Vermögen hält nicht Schritt mit der wirtschaftlichen Entwicklung - es findet eine so genannte **Überentwicklung** statt: Die Geldvermögen sind im Vergleich zum linear wachsenden Bruttosozialprodukt um ein vielfaches gewachsen (exponentiell). Die Summe der Nettolöhne und -gehälter ist seit den 80er Jahren sogar gesunken.

Wie bei einem Organismus, bei dem ein Körperteil schneller wächst als alle anderen, muss es dadurch zu massiven Problemen kommen: Stellen Sie sich ein Kind vor, dessen Kopf um ein vielfaches schneller wächst als der Rest des Körpers. Die Versorgung mit Blut wird kritisch werden und der Körper wird unter dem enormen Gewicht des Wasserkopfs leiden.

Auch die **Kostenentwicklung** zeigt, dass die Bankzinserträge bzw. die Zinskosten, die von Staat, Firmen und Privathaushalten getragen werden müssen, um das Vielfache gestiegen sind, und die Volkswirtschaft massiv belasten. Im Vergleich dazu sind die Kosten für Krankenversicherung und Ölimporte nur gering gestiegen (relativ zum Sozialprodukt sogar etwas gesunken). Über die beiden letzten wird viel diskutiert und geschrieben - die Zinslasten sind hingegen ein Tabuthema.

Nach Helmut Creutz belief sich das zinsbringende Gesamtkapital in Deutschland im Jahr 1996 auf ca. 13.500 Mrd. DM und damit die **jährliche Zinslast ca. 945 Mrd. DM**. Der Anteil der Zinslast am Bruttosozialprodukt betrug 26% - pro Kopf und Jahr etwa 25.000 DM!

Problematisch sind nicht nur Bankzinserträge, sondern jede Form von **Besitzeinkommen** (Mietzinsen, Renditen...). Denn jedes leistungslose Einkommen kann sich exponentiell vermehren. Aber niemand kann mehr als 24 Stunden am Tag arbeiten oder seine Produktivität endlos steigern. Da Geld die Basis der Vermögen ist und sich (zeitweise) von der Realwirtschaft loslösen kann, ist es die Wurzel des Problems.

„Der Wucherer ist mit vollstem Recht verhasst, weil das Geld hier selbst die Quelle des Erwerbs ist und nicht dazu gebraucht wird, wozu es erfunden ward. Denn das Geld ist für den Tausch entstanden, der Zins aber macht aus Geld mehr Geld, sodass er von allen Erwerbszweigen der Naturwidrigste ist."
Aristoteles (384–322 v.Chr.), griech. Philosoph

„Wer Zins nimmt, lebt auf Kosten der Arbeit anderer, ohne ihnen für diese Arbeit irgendeine Gegenleistung zu geben. Durch den Zins wird der Gleichwertgrundsatz in schwerster Weise verletzt. Christentum und Zins sind unvereinbar." **Johannes Ude, Dekan der kath. Fakultät Graz**

Ein Wasserkopf mit Folgen...

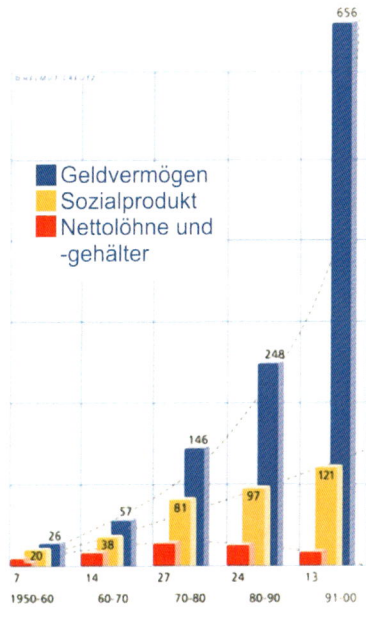

Zuwachsraten im Vergleich
Deutschland 1950-2000
Jahresmittel in Mrd. D-Mark

© Helmut Creutz Nr. 022

» **Sozialprodukt wächst linear**
» **Geldvermögen wachsen überproportional (exponentiell)**
» **Nettolöhne und -gehälter haben sogar abgenommen**

Kostenentwicklung im Vergleich
Deutschland 1970-2000

© Helmut Creutz Nr. 101

» **Bankzinserträge wachsen überproportional (exponentiell)**
» **andere Kosten wachsen meist linear zum Sozialprodukt**

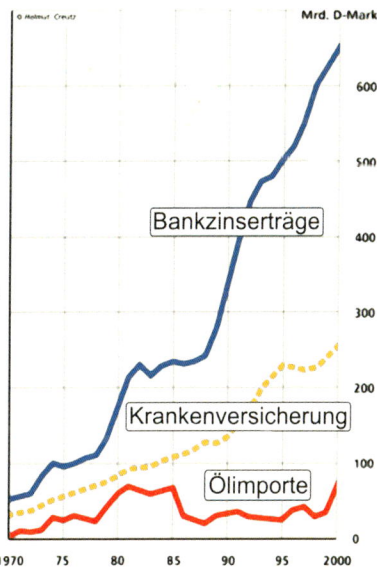

15

Exponentielles und natürliches Wachstum

„Exponentielles Wachstum ist trügerisch, weil schon bei relativ geringen Wachstumsraten in kurzer Zeit astronomische Zahlen erreicht werden."
Dennis L. Meadows, brit. Ökonom 1972 (Die Grenzen des Wachstums)

Wenn ein Betrag um einen relativen Prozentsatz jährlich zunimmt, verdoppelt er sich im Laufe der Jahre immer schneller. Dies nennt man exponentielles Wachstum. Die Geschwindigkeit der Verdopplung kann man berechnen, indem man 72 Jahre durch den Zinssatz dividiert. Bei 8% verdoppelt sich ein Betrag also alle 9 Jahre, und selbst bei nur 2% alle 36 Jahre. Durch den **Zinseszinseffekt** wachsen auch Vermögen und Schulden exponentiell immer rascher in den Himmel.

Aber haben Sie jemals Bäume in den Himmel wachsen sehen? Dies widerspricht dem nachhaltigen **Wachstum der Natur**, das umgekehrt verläuft (logarithmisch): anfangs hoch, mit der Zeit abnehmend und schließlich Stillstand (es geht von einem quantitativen in ein qualitatives Wachstum über). Dies kann jeder an sich selbst nachvollziehen: zuerst wachsen wir in die Höhe, später in die Breite...

Das tückische am exponentiellen Wachstum ist, dass es anfangs kaum wahrnehmbar ist, dann aber förmlich explodiert. Wie bei einem **Tumor** - der ebenfalls exponentiell wuchert - ist es meist schon zu spät, wenn er entdeckt wird. In der Natur kommt exponentielles Wachstums nur bei extremen Ungleichgewichten oder Krankheit vor (Krebszellen, Algenblüte bei Nährstoffüberschuss...).

Das exponentielle Wachstum von Geld wird durch den **Zinseszins** (Mitverzinsung der Zinsen) bewirkt: 10.000 Euro würden bei 6% Verzinsung in 50 Jahren um 30.000 Euro anwachsen (linear), durch den Zinseszins aber um weitere 144.202 Euro auf das mehr als 18-Fache! Es ist offensichtlich, dass dies selbst bei geringen Zinssätzen nur **wenige Jahrzehnte** funktionieren kann. Doch dieser Wachstumskurve werden wir in diesem Buch noch oft begegnen.

„Das größte Manko der Menschen ist unsere Unfähigkeit, die Exponential-Kurve zu verstehen." **Albert A. Bartlett, US-amerikan. Physiker**

Das Problem ist, dass exponentielles Wachstum dem **menschlichen Denken** widerspricht. Dazu eine Frage, die Sie möglichst rasch und intuitiv beantworten sollten: Wasserlinsen vermehren sich in einem Teich täglich um 100%. Sie haben 1 Monat benötigt, um den halben Teich zu überwuchern. Wie lange dauert es, bis sie den ganzen Teich bedecken? Gefühlsmäßig würden fast alle antworten: natürlich noch ein 1 Monat. Die richtige Antwort lautet aber: nur einen einzigen Tag!

Haben Sie je Bäume in den Himmel wachsen sehen?

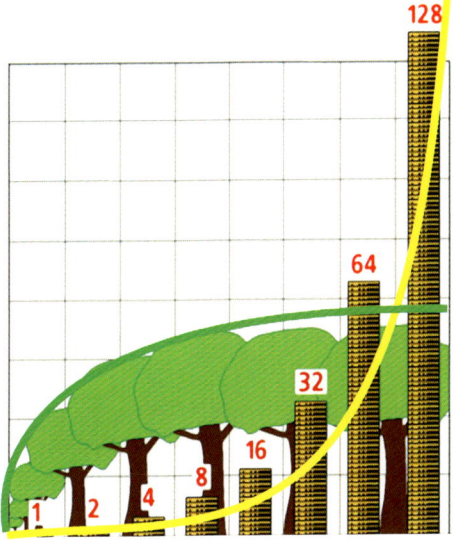

„Wachstum" einer Geldanlage durch Zinseszins (exponentiell):
» anfangs gering (kaum wahrnehmbar)
» dann explosionsartig

Natürliches Wachstum ist umgekehrt (logarithmisch):
» anfangs stark
» dann abnehmend
» lange stabil (qualitatives Wachstum)

© Helmut Creutz Nr. 070 (mod.)

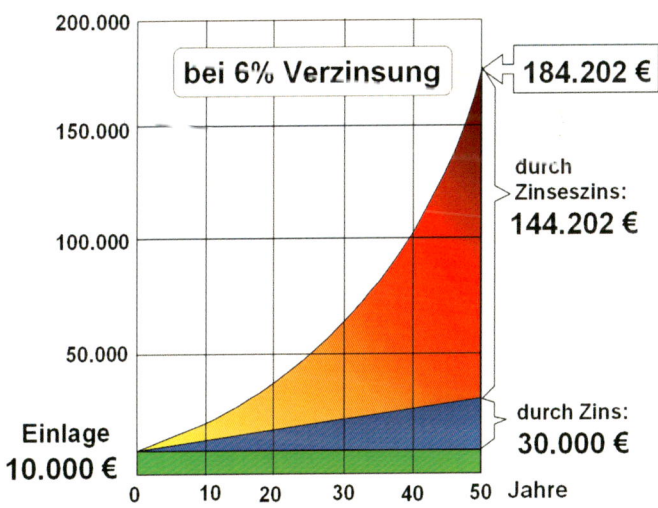

Entwicklung einer Geldanlage durch Zins und Zinseszins
über 50 Jahre bei 6% Verzinsung   © Helmut Creutz Nr. 129 (mod.)

Staatsverschuldung systembedingt

„Wenn das Kapitalangebot aus privaten Ersparnissen steigt, gleichzeitig die Kapitalnachfrage der Unternehmen gering bleibt, muss der Staat das am Markt anstehende Kapitalüberangebot aufnehmen, weil anderenfalls eine deflationäre Wirtschaftsentwicklung einsetzen würde."
Prof. Rüdiger Pohl vom Sachverständigen-Gremium der dt. Bundesregierung (5 Wirtschaftsweisen), Die Zeit 11.12.1987

Staatsverschuldung ist keine Fahrlässigkeit von Regierungen, sondern ein **Systemzwang**: Wenn Bürger oder Firmen sparen und nicht bereit sind, sich im erforderlichen Ausmaß zu verschulden, muss der Staat in die Bresche springen und Kredite aufnehmen - auch wenn er sie gar nicht benötigt - nur damit der Schuldenberg und die Vermögen weiter anwachsen können, und eine Wirtschaftskrise verhindert wird.

Würde man die **deutschen Staatsschulden** (1521 Mrd. Euro) in 500 Euro-Scheinen aufeinander stapeln, ergäbe dies einen 300 km hohen Turm! Selbst wenn der deutsche Staat all seine Gebäude verkaufen würde, wären erst 30% seiner Schulden getilgt (Prof. Rainer Roth).

Auch der **Schuldenberg Österreichs** wächst seit den 70ern unaufhaltsam. Er ist „nur" 30 km hoch (pro Kopf ca. gleich hoch wie in Deutschland). Selbst der Verkauf von Staatsbetrieben und „Tafelsilber" hat nicht lange vorgehalten. Das Strohfeuer zögert das Problem nur kurz hinaus und verschlimmert es, da künftig die Einnahmen der verkauften Betriebe (Austria Tabak etc.) im Budget fehlen.

Die Staatsverschuldung lässt schon seit Jahren keine Tilgung der Kredite mehr zu. Wird ein Kredit fällig, werden neue Kredite zur Zinstilgung aufgenommen. Die gesamte **Neuverschuldung** fließt in die Zinstilgung, für Investitionen bleibt nichts übrig. Somit hat die ganze Schuldenaufnahme nichts gebracht - außer den Gläubigern. Der Schuldendienst ist im Budget fast aller Staaten von einem der letzen zu einem der ersten Posten vorgerückt. Diese Verschuldungspolitik ist jedoch **extrem unsozial**: Der Staat leiht sich Geld von reichen Bürgern. Die Zinsen werden aber über Steuern von allen Bürgern finanziert.

„Der Staat springt ein, um das Schuldenwachstum aufrechtzuerhalten. Auf wachsende Staatsverschuldung ist ein Wirtschaftssystem mit ständig positiven Zinsen letztlich angewiesen. Wenn sich nicht genügend Nachschuldner einfinden, können Unternehmen ihre Produkte nicht in ausreichender Menge oder nicht zu Preisen absetzen, die auch das Geld für die Schulden und Kreditzinsen hereinbringen. Die wirtschaftliche Entwicklung mündet in eine Rezession."
Josef Hüwe, dt. Ökonom und Wirtschaftspublizist

Eine extrem unsoziale Entwicklung

Staatsverschuldung in Österreich 1970-2006 in Mrd. Euro
Quelle: Österreichische Nationalbank
152 Mrd. Euro in 500 Euro-Scheinen ergäben einen 30 km hohen Turm

Staatsverschuldung in Deutschland 1968-2005 in Mrd. Euro
Quelle: Deutsche Bundesbank
1521 Mrd. Euro in 500 Euro-Scheinen ergäben einen 300 km hohen Turm

Umverteilung der Vermögen

"Die besondere Dynamik des kapitalistischen Wirtschaftssystems besteht darin, dass Geld und Zins miteinander verbunden sind. Rein mathematisch reißt der Zins die Menschen auseinander: diejenigen, die an der Armut zugrunde gehen, und diejenigen, die an der Zahlungsnot des Kreditnehmers immer reicher werden." **Eugen Drewermann, Theologe**

Nun sind natürlich wir alle sowohl Gewinner als auch Verlierer dieser Entwicklungen, aber ungleich verteilt. Diejenigen mit den größten Vermögen, sind nämlich die größten Nutznießer. Nach der Regel **"Wer hat, dem wird gegeben"** wachsen die großen Vermögen - exponentiell - viel schneller als die kleinen. Dies führt mit der Zeit dazu, dass die Schere zwischen Arm und Reich immer weiter aufgeht, sich die Gesellschaft immer mehr polarisiert, und sich zunehmend Ungerechtigkeiten und Spannungen aufbauen - global wie national.

Das oberste Prozent der Bevölkerung sind vorwiegend **Euro-Millionäre** (in Österreich ca. 66.000) mit Zuwachsraten von ca. 9% (World Wealth Report) - ihr Vermögen verdoppelt sich alle 8 Jahre. Die Vermögen der **Euro-Milliardäre** (15 in Österreich, 43 in Deutschland) sind so groß, dass der Balken im Diagramm etwa 2000-mal höher wäre als die Buchseite. Die Zahl der Milliardäre stieg 1996 bis 2006 weltweit von 423 auf 926. Die Zuwachsraten ihrer Vermögen liegen meist um 15% (Forbes Magazine) - eine Verdopplung alle 5 Jahre! Um in die Forbes-Liste der 400 reichsten Amerikaner aufgenommen zu werden, muss man seit 2006 Milliardär sein - 2007 waren schon 1,3 Mrd. US-Dollar nötig...

Die 2. Abbildung zeigt, dass die Zinserträge der letzten Gruppe tatsächlich viel größer sind als die Zinsbelastungen, und diese Vermögen daher die größten Wachstumsraten haben. Die Einkommen der breiten Bevölkerung sind zu gering, um größere Vermögen anzusparen und namhafte Kapitalerträge zu erwirtschaften. Die **Armen** erarbeiten also die Gewinne der Reichen. Alleine in Deutschland fließen täglich etwa 980 Mio. Euro Zinsen von Arm zu Reich (INWO)! Auch die **Mehrwertsteuer** belastet nur die Armen: Wer sein ganzes Einkommen ausgibt, ist voll belastet. Wer einen Großteil sparen kann, nur gering.

"Die Tatsache, dass ein Fünftel der Menschheit immer reicher und vier Fünftel immer ärmer werden, das liegt natürlich an unserer Wirtschaftsart und ganz speziell an unserem Geldsystem. Ich glaube, dass an diesem Geldsystem etwas geändert werden muss, um zu irgendeiner Art von Gleichgewicht in der Welt zu kommen." **Michael Ende, dt. Autor**

"Und ich sage euch aber: Wer da hat, dem wird gegeben werden; von dem aber, der nicht hat, wird auch das genommen werden, was er hat."
Neues Testament, Lukas 19:26

„Wer hat, dem wird gegeben"

Tsd. Euro je Haushalt

Milliardäre 2000-mal so hoch

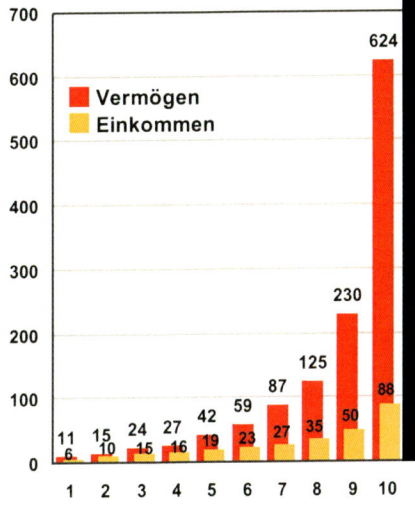

Verteilung der Einkommen und Vermögen
10 Gruppen nach Einkommen gestaffelt (je 2,7 Mio. Haushalte)
Deutschland 1990
nach Helmut Creutz Nr. 058

» Die Vermögen sammeln sich bei den obersten 10% der Bevölkerung.
» Das Vermögen eines Euro-Milliardärs wäre etwa 2000-mal höher wie diese Buchseite.

Zinsbelastungen und Zinserträge der Haushalte
10 Haushaltsgruppen nach Einkommen gestaffelt
Deutschland 1990
© Helmut Creutz Nr. 059

» Die Gruppen 1-8 sind die Verlierer (zu kleine Vermögen).
» In Gruppe 9 gleichen sich Zinslasten und Erträge aus.
» Gewinner sind die obersten 10% (Zinserträge übersteigen die Lasten).
» Täglich fließen in Deutschland etwa 980 Mio. Euro Zinsen von Arm zu Reich.

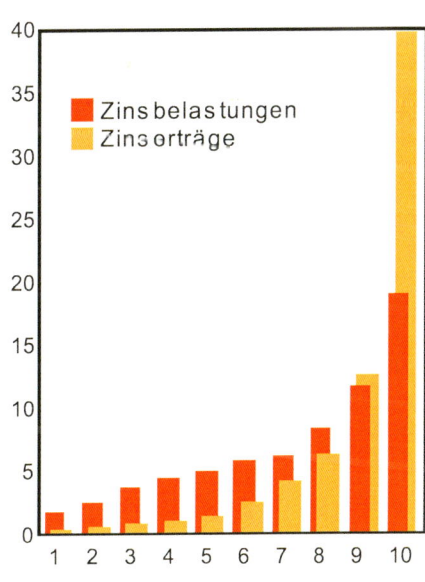

Wie erfolgt die Umverteilung?

„Die Zinsen belasten die Letztverbraucher und die Unternehmer, die sich zu ihrem Konsum- oder Investitionsbedarf das Geld hinzuborgen. Die Zinsen entziehen also den Letztverbrauchern und Unternehmern wiederum Geld, obgleich bei ihnen schon ohnehin zu wenig war, und sie fließen hin zu dem Anleger, bei dem ohnehin schon so viel Geld war, dass sich ein Überschuss seiner Gelder über seinen Bedarf ergeben hatte."
Dieter Suhr, dt. Jurist, der den Zins verfassungsrechtlich anfocht

Da die meisten Firmen nur über sehr wenig Eigenkapital verfügen, müssen sie fast alle Investitionen über Kredite finanzieren. Die Zinsen für diese Kredite (sog. **„Kapitalkosten"**), müssen sie in den Produktpreisen an die Verbraucher weitergeben. Da sich diese Zinskosten über alle Stufen der Produktion (alle Zwischenprodukte) aufsummieren, belaufen sie sich auf durchschnittlich **30-40%** in allen Produkten - in Mieten sogar auf knapp 80%. Dazu müssen Sie noch die „verlorenen" 15-20% in Ihren Steuern rechnen (Tilgung der Staatsschulden).

Sie zahlen daher auch Zinsen, wenn Sie keine Schulden haben: für jeden Euro, den Sie ausgeben, 30-40 Cent. Wenn Sie den Großteil Ihres Einkommens für die Miete ausgeben müssen (im Schnitt gibt jeder etwa 50% seines Einkommens für Miete aus), zahlen Sie sogar 60-70% „Kapitalsteuern" oder arbeiten fast 2/3 ihres Lebens nicht für sich selbst oder ihre Kinder - sondern für jene, die es nicht nötig haben.

„In der großen Geldwelt ist der Taler des faulsten Reichen gewinnbringender als der des Armen und Arbeitsamen." **Friedrich Nietzsche 1880**

Hinzu kommt, dass man mit großen Vermögen (die man auch langfristig anlegen kann) wesentlich **höhere Renditen** erzielt als mit kleinen Beträgen. Die lukrativsten Investitionen, die besten Fonds etc. sind nur den Vermögenden zugänglich. Der kleine Sparer kann froh sein, wenn er den Wertverlust der Inflation ausgleichen kann.

In Österreich werden Vermögen und Besitzeinkünfte kaum versteuert. Über **Fonds und Stiftungen** ist es bei größeren Vermögen möglich, die Kapitalertragssteuer weitgehend zu umgehen. Seit wenigen Jahren gibt es auch Privatstiftungen, in denen Reiche ihr Vermögen nahezu steuerfrei parken können. 2005 stieg die Zahl dieser Privatstiftungen um 7% auf 2.500, in denen - je nach Schätzung - 25 bis 60 Mrd. Euro fast **steuerfrei** geparkt sind (AK OÖ). Diese Möglichkeiten nutzen auch zahlreiche einflussreiche Menschen in Österreich wie Thomas Prinzhorn (Nationalratspräsident), Martin Bartenstein (Minister für Wirtschaft und Arbeit), Peter Mitterbauer (Expräsident der Industriellenvereinigung), Hans Dichand (Krone-Herausgeber) u.v.m.

Jeder zahlt Zinsen - auch wer keine Schulden hat

» **Produktpreise:** enthalten Kapitalkosten der Firmen
» **Zinsanteil:** im Schnitt ca. 30-40% in allen Produkten, ca. 80% in Mieten
» dazu noch 15-20% der Steuern (Tilgung der Staatsschulden)
» Wer sein Einkommen großteils für Miete ausgeben muss, arbeitet 2/3 seines Lebens für den Reichtum anderer.

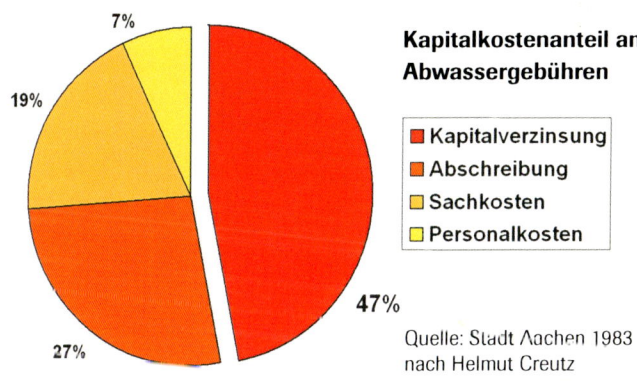

Kapitalkostenanteil an Abwassergebühren

- Kapitalverzinsung
- Abschreibung
- Sachkosten
- Personalkosten

Quelle: Stadt Aachen 1983 nach Helmut Creutz

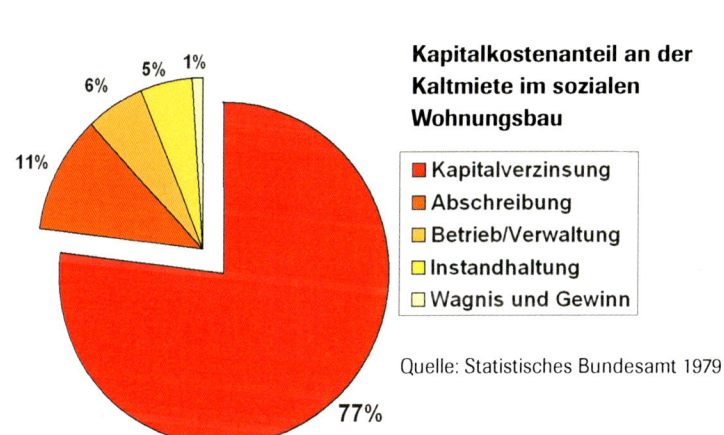

Kapitalkostenanteil an der Kaltmiete im sozialen Wohnungsbau

- Kapitalverzinsung
- Abschreibung
- Betrieb/Verwaltung
- Instandhaltung
- Wagnis und Gewinn

Quelle: Statistisches Bundesamt 1979

Einkommensentwicklung in Österreich

Die Einkommensentwicklung 1964-1997 war durch starke **Expansion der Besitzeinkommen** (Zinsen, Renditen, Mieten) gekennzeichnet. Sie stiegen um mehr als das 50-fache, Lohneinkommen (Bruttoentgelte) nur um das 12-fache. Einkünfte aus Land- und Forstwirtschaft sind stagniert, real also stark gesunken. Die Zunahme der Kapitaleinkünfte ist Folge der **Hochzinsphasen** der 80er und der Kursanstiege auf den Kapitalmärkten. Seit Beginn der 90er geht der Zuwachs v.a. auf Vermietung und Verpachtung zurück (**Mietzinssteigerungen**).

Durch das Europäische System zur Volkswirtschaftlichen Gesamtrechnung (ESVG) wird seit 1998 nicht mehr zwischen Besitzeinkommen und unternehmerischer und selbständiger Tätigkeit unterschieden. Die Entwicklung der Besitzeinkommen kann nur mehr geschätzt werden.

Ein Resultat dieser Entwicklung ist, dass die **Lohnquote** (der Anteil der Löhne und Gehälter am Volkseinkommen) schrumpft. Sie sank von 73% im Jahr 1978 auf 57% im Jahr 2005. Ebenso fiel die Investitionsquote von 30 auf 23%. Die **Gewinnquote** (Anteil der Besitzeinkommen) stieg aber von 27 auf 43%. Parallel dazu stieg die Arbeitslosenquote. Anders gesagt: Die steigenden Gewinne der Unternehmen werden nicht investiert oder an die ArbeitnehmerInnen weitergegeben, sondern zunehmend an Besitzer und Aktionäre ausgeschüttet - bei gleichzeitigem Stellenabbau zur weiteren Steigerung der Gewinne (AK OÖ).

Eine Studie vom WIFO Wien (2006) zeigt das Resultat des **Fortschritts der letzten 10 Jahre** (Steigerung des Sozialprodukts um 70%):
» Mehr als 90% der Einkommen sind real niedriger als 1995.
» Steigende Zahl von schlecht bezahlten Teilzeitjobs v.a. für Frauen.
» Die Einkommensschere geht immer weiter auseinander.
» Die Reallöhne im untersten Fünftel der Einkommenspyramide sind seit 1995 um 17% gesunken, im zweitniedrigsten Fünftel um 11%.
» Nur die obersten 5% der Einkommen stiegen real (inflationsbereinigt) um 1,2%, das oberste Prozent stieg um 5%.
» Spitzenmanager verdienen 30-mal so viel wie ihre Angestellten.

„Die globalisierte Wirtschaft führt zwangsläufig zur Forderung nach einer ‚Spreizung' des Einkommensgefälles. Im Klartext: Die Ärmeren müssen mit ihren Ansprüchen zurückstehen, damit die Reichen sich im Lande wohl fühlen und nicht ihr Kapital abziehen.... Eine neue Epoche, die Ära des globalen Kapitalismus, bricht an und sie wird die Entwicklung der Gesellschaften in den nächsten Jahrzehnten bestimmen."
Ernst Ulrich von Weizsäcker, dt. Wissenschaftler und Politiker 1997

Verdienen durch Besitz nicht durch Arbeit

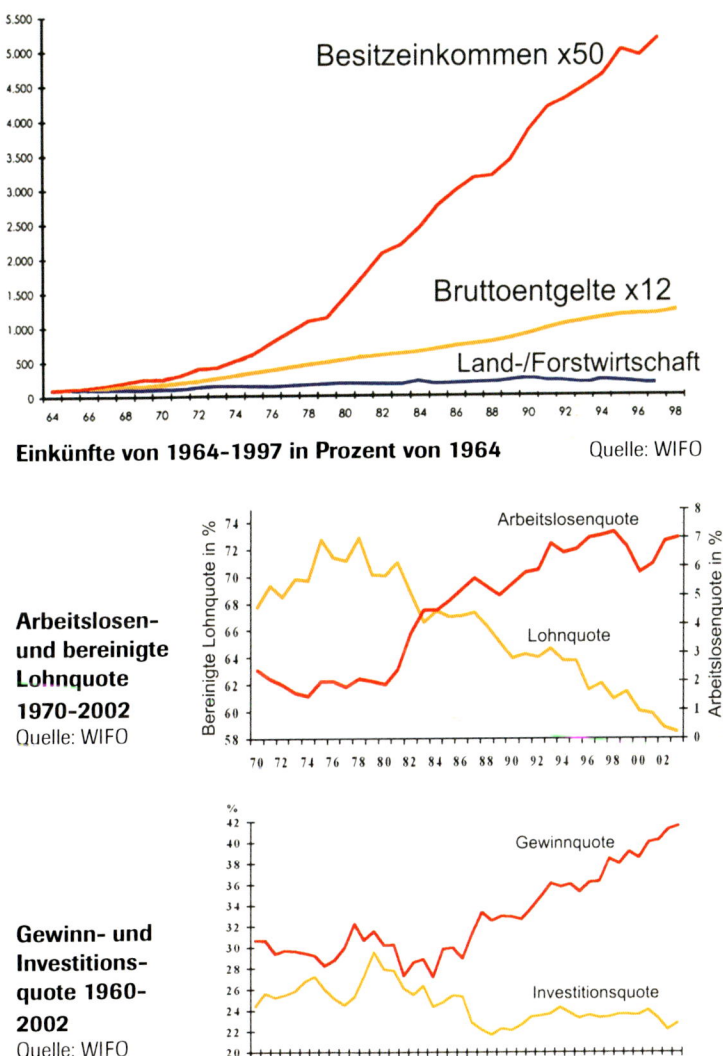

Die steigenden Gewinne der Unternehmen werden:
» nicht investiert oder an Arbeiter und Angestellte weitergegeben
» sondern zunehmend an Besitzer und Aktionäre ausgeschüttet
» bei gleichzeitigem Stellenabbau zur weiteren Gewinnmaximierung

ÖsterREICH und ÖsterARM

» Die Zahl der **großen Sparguthaben und Geldvermögen** (über 1 Mio. ÖS bzw. 70.000 Euro) hat sich laut Nationalbank in 10 Jahren (1993-2003) auf rund eine Viertelmillion verdoppelt („Armuts- und Reichtumsbericht für Österreich" OGPP 2004).

» Während die **100 Reichsten** auf einem steuerbegünstigten Vermögen von über 50 Mrd. Euro (Trend 7-8/2004) sitzen, müssen 3 Mio. ArbeitnehmerInnen ein Jahr lang arbeiten, um auf eine Bruttolohn- und -gehaltssumme dieser Höhe zu kommen (Lohnsteuerstatistik 2002).

» Der **jährliche Vermögenszuwachs der 15 Milliardäre** beträgt 1,23 Mrd. Euro. Das ist so viel wie die Jahreseinkommen von über 500.000 ArbeitnehmerInnen. Der Vermögenszuwachs der 66.000 Millionäre übersteigt die Einkommen der gesamten restlichen Bevölkerung!

» Die börsennotierten ATX-Prime-Unternehmen können saftige **Gewinnzuwächse** verzeichnen. Ihre Gewinne stiegen von 2002 auf 2003 um fast 25% auf 5 Mrd. Euro (Wirtschaftsblatt, Investor Nr. 5/2004).

» Das Sozialministerium weist einen stetigen **Anstieg armer und armutsgefährdeter Menschen** aus: 13,4% der Bevölkerung (1.044.000 Menschen) galten 2003 als armutsgefährdet und müssen mit weniger als 785 Euro/Monat auskommen - 1999 waren es 11% (880.000 Menschen).

» 5,6% (467.000 Menschen) sind „akut arm" und können sich Heizung, Schuhe etc. nicht leisten.

» Die **Einkommensunterschiede** wachsen: 43% der Bevölkerung lebt in niedrigem oder sehr niedrigem Lebensstandard (Sozialbericht 2002).

» „**Working Poor**": 8% der Erwerbstätigen gelten als arm. Fast die Hälfte der 100.000 SozialhilfebezieherInnen in Österreich hat 1 oder 2 Jobs, verdient dabei aber nicht genug, um zu überleben.

» Nach Angaben des Kreditschutzverbandes „explodierte die **Zahl der Privatkonkurse**" im ersten Halbjahr 2004 um 32% auf 2.730 Fälle.

» Laut Schuldnerberatungen sind über **100.000 Haushalte überschuldet**. „Die vielen Belastungspakete der letzten Jahre lassen auch für die nächsten Jahre keinen Rückgang erwarten." heißt es beim Kreditschutzverband (KSV 2004).

» In **Deutschland** ist die Situation nicht viel anders...

„Hartz IV ist das Ergebnis einer Gleichung, die so schlicht ist, dass wir sie trotz trostloser Pisa-Ergebnisse ohne Mühe nachvollziehen können: Wo die Reichen immer reicher werden wollen, müssen leider immer mehr Menschen immer ärmer werden." **Gabriele Gillen, dt. Journalistin**

Die Schere geht immer weiter auseinander

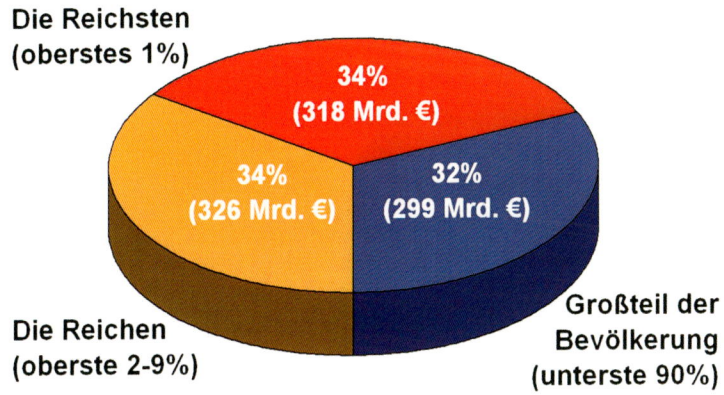

Vermögensverteilung in Österreich 2002 (Computermodell):
» Die reichsten ÖsterreicherInnen (1% der Bevölkerung) besitzen ein Drittel des Gesamtvermögens (über 5 Mio. Euro pro Kopf).
» Die Reichen (9% der Bev.) verfügen über ein weiteres Drittel.
» Dem Rest der Bevölkerung (90%) verbleibt nur noch ein Drittel (56.000 Euro pro Kopf).

Quelle: AK OÖ

„Die Ersparnisse der Reichen werden auf Kosten der Armen gemacht."
Jean Baptiste Say (1767-1832), franz. Ökonom

„Reicher Mann und armer Mann
standen da und sah'n sich an.
Und der Arme sagte bleich:
Wär ich nicht arm, wärst du nicht reich."
Bertolt Brecht

Warum brauchen wir Wirtschaftswachstum?

„Jetzt endlich habe ich erkannt, dass der Zins die einzige wahre und wirkliche Ursache dafür ist, dass die Welt dem Wahnsinn des ewigen Wachstums verfallen ist." **Konrad Lorenz, öst. Nobelpreisträger**

Wenn die Wirtschaft langsamer wächst als der Kapitalertrag, sinkt der Wohlstand der Bevölkerung. Dies ist der Grund dafür, dass wir stetes Wirtschaftswachstum benötigen! Der Zwang zu ständigem Wirtschaftswachstum beruht auf dem **Wachstumszwang** der Vermögen.

Die **Produktivität** und das Bruttosozialprodukt wachsen nur linear, d.h. jährlich um denselben Betrag. Gemessen am Vorjahr sinkt die Wachstumsrate ständig - 1% Wachstum heute entspricht 12% im Jahr 1950! Was wir im Vorjahr zusätzlich konsumiert haben, erhöht also nicht unsere Produktivität. Anders beim Kapital: Die wachsenden Vermögen werden mitverzinst und steigern in vollem Ausmaß die Gewinne. Kapital wird immer hungriger, je mehr es gegessen hat.

Das Trügerische ist, dass anfangs die Steigerung der Wirtschaftsleistung größer ist als das Kapitalwachstum, und die Arbeitserträge steigen (**Wirtschaftswunder**). Jedoch steigert sich die Kapitalverzinsung immer rascher, und die Arbeitserträge sinken. Irgendwann würde das Kapital die gesamte Wirtschaftsleistung beanspruchen. Spätestens dann muss das System zusammenbrechen. Trotzdem durchschauen die meisten Menschen bis zuletzt nicht den Wirkungsmechanismus und schwärmen von „den goldenen Sechzigern" (Günter Hannich).

Die **Karikatur** rechts verdeutlicht den Zusammenhang: Sie sitzen mit jemandem am Tisch, der von Jahr zu Jahr ein größeres Stück vom Kuchen beansprucht (ohne dafür zu arbeiten). Sie müssen daher jedes Jahr einen größeren Kuchen backen, damit Ihr Stück nicht kleiner wird.

„Der Zinsanteil an der Volkswirtschaft steigert sich durch die exponentielle Kapitalverzinsung ständig, womit der Anteil, der den Produktivkräften (Arbeiter und Unternehmer) zufällt, immer kleiner wird. Der arbeitende Bevölkerungsanteil würde ohne Wirtschaftswachstum innerhalb kurzer Zeit verarmen." **Günter Hannich, dt. Finanzberater**

„Die starre Rentabilitätspflicht, infolge deren sich die Geldvermögen stur mechanisch immerfort vermehren, überträgt sich also auf die Wirtschaft und erlegt ihr ein andauerndes Wachstum auf. Es ist ein unentrinnbarer Zwang."
BUND für Umwelt- und Naturschutz Baden-Württemberg

„Im Zins-System liegt ein unabdingbarer Zwang zum Wachstum."
Dieter Burgmann, Bundestagsfraktion der Grünen in Deutschland

Volkswirtschaftliche Modellrechnung

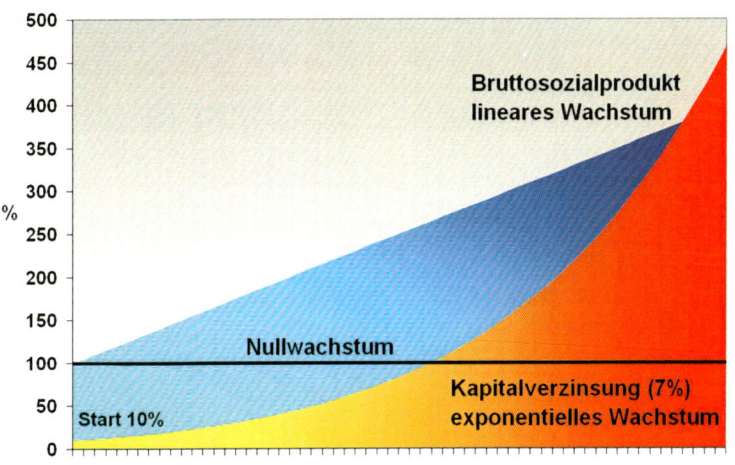

Quelle: Günter Hannich

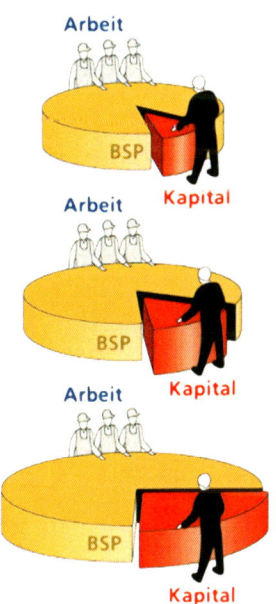

© Helmut Creutz Nr. 302

rot: Anteil der Wirtschaftsleistung, der vom Kapitalertrag beansprucht wird (in % von 1960)
blau: Anteil der Wirtschaftsleistung, der der arbeitenden Bevölkerung bleibt (in % von 1960)
» 1950-1970: Arbeitsertrag wuchs ständig, Kapitalertrag (Start bei 10%) wuchs langsam.
»1970-1985: Kapitalertrag wuchs stetig und vereinnahmte zunehmend den Arbeitsertrag.
» ab ca. 1990: Kapital wächst schneller als die Wirtschaft. Arbeitsertrag (Reallohn) sinkt.
» ab ca. 2000: Kapitalertrag beansprucht den Großteil der Wirtschaftsleistung. Selbst höheres Wirtschaftswachstum könnte dies nicht mehr kompensieren.
» 201?: Die Kapitalertragskurve wird die Wachstumskurve schneiden (Kapital die gesamte Wirtschaftsleistung beanspruchen). Spätestens dann bricht das System zusammen.
» Ohne Wirtschaftswachstum würde der Arbeitsertrag ständig kleiner werden. Der Kapitalertrag hätte bereits in den 90ern die Wirtschaftsleistung aufgezehrt (Günter Hannich).

Wachstumszwang und Umweltzerstörung

„Das Wachstum der Wirtschaft muss angekurbelt werden", so das Rezept der Manager. 2% Wachstum bedeutet Verdopplung in 35 Jahren. Dies heißt: In 35 Jahren von allem, was wir an materiellen Gütern und Dienstleistungen haben, doppelt so viel! Doppelt soviel Straßen, doppelt soviel Autos, doppelt soviel Häuser, doppelt soviel Ferienreisen... Jeder nur einigermaßen vernünftige Mensch sieht sofort ein, dass ein solches Rezept heller Wahnsinn ist. Aber die Herren wollen ja nicht 2% Wachstum, sondern 6%, um ihre Probleme lösen zu können." **Hans Pestalozzi, schweiz. Ökonom**

Für die Umwelt ist die Politik des Wachstums fatal. In einer **begrenzten Welt** ist auf Dauer kein exponentielles Wachstum möglich. Die ständige Steigerung des Konsums führt zu einer Erschöpfung der Rohstoffe und Zerstörung unserer (Um-)Welt. Übrigens: 6% Wachstum bedeutet Verdopplung in 12 Jahren. Das kann sich jede(r) ausrechnen, nur die meisten ÖkonomInnen offenbar nicht.

ÖkonomInnen und PolitikerInnen mit einem Funken Verantwortung, Selbsterhaltungstrieb und mathematischem Verständnis dürften kein weiteres Wirtschaftswachstum fordern - im Gegenteil: Es ist eine **drastische Einschränkung** unseres Energie- und Rohstoffverbrauchs nötig!

„Jeder Tag weiter bestehenden exponentiellen Wachstums treibt das Weltsystem näher an die Grenzen des Wachstums. Wenn man sich entscheidet, nichts zu tun, entscheidet man sich in Wirklichkeit, die Gefahren des Zusammenbruchs zu vergrößern." **Dennis L. Meadows 1972**

Umwelt- und Klimaschutz sind ohne Änderung unseres Geld- und Wirtschaftssystems unmöglich! Wenn wir überleben und unseren Kindern eine Zukunft geben wollen, benötigen wir ein System, das nicht auf kurzfristige Gewinnmaximierung setzt und in wenigen Jahren die gesamten Rohstoffreserven der Welt vergeudet und Luft, Wasser und Boden vergiftet (in China ist bereits 30% des Ackerlands vergiftet, 85% der Flüsse leblose Kloaken, von 20 Mio. Neugeborenen pro Jahr haben 1,2 Mio. angeborene Krankheiten oder Behinderungen - FAZ).

Das kapitalistische System ist fraglos das beste, um Konkurrenz und Produktivität zu schaffen. Es hat uns bisher nie dagewesene Produktion und Wohlstand beschert (zumindest Teilen der Menschheit). Doch nun beginnt das System, uns und unsere Lebensgrundlagen zu zerstören („Geld frisst Welt"). Wie der **Zauberlehrling** werden wir die Geister, die wir riefen, nicht mehr los.

„Jeder, der glaubt, exponentielles Wachstum könne in einer endlichen Welt ewig fortschreiten, ist entweder ein Irrer oder ein Ökonom."
Kenneth Ewart Boulding, brit.-amerikan. Ökonom (1910-1993)

Geld frisst Welt - Die Geister, die wir riefen...

„Die weltweit überproportional wachsenden Zinsströme, der sich daraus ergebende Zwang zum Wirtschaftswachstum und die damit einhergehende ökologische Katastrophe zwingen uns - bereits aus purem Eigeninteresse - zum Umdenken."
Hugo Godschalk, dt. Ökonom 1992

Börsenwahn und Spekulationsblasen

„Spekulanten mögen unschädlich sein als Seifenblasen auf einem steten Strom der Unternehmungslust. Aber die Lage wird ernsthaft, wenn die Unternehmungslust die Seifenblase auf einem Strudel der Spekulation wird."
Prof. John Maynard Keynes, Ökonom 1936

Durch die **wuchernden Geldvermögen** werden auch Börsenwahn und Überspekulation angeheizt. Wenn nicht so viel Kapital da wäre, würden die Börsen eine nur geringe Rolle spielen. Eigentlich könnte den Unternehmen das „große Spiel" an den Börsen egal sein. Sie sind an die Börse gegangen, um Kapital aufzunehmen. Der Kurs ihrer Aktien beeinflusst ihren wirtschaftlichen Erfolg in keiner Weise. Jedoch ist ihre Bonität und damit die Möglichkeit Kredite aufzunehmen wesentlich vom Börsenkurs abhängig. Neben den Aktionären haben auch viele Manager ein persönliches Interesse daran, die Kurse in die Höhe zu treiben, da sie auch in Aktien bezahlt werden (Herwig Büchele) .

Die Ausrichtung der Entscheidungsträger gilt also vorrangig den **kurzfristigen Aktienkursen** und nicht mehr den realen Werten des Unternehmens. Nur die ArbeitnehmerInnen hätten ein Interesse am langfristigen Fortbestehen des Unternehmens. Jedoch müssen die Aktiengesellschaften auf die Wünsche der Aktionäre hören und ihre Gewinne maximieren, koste es was es wolle. Um die **Dividendenwünsche** zu befriedigen, wird sogar die Substanz angegriffen. In Österreich zahlten 2003 die 170 großen Gesellschaften ihren Eigentümern mehr Dividenden aus, als Gewinne erwirtschaftet wurden (100,8%). Zugleich wurden 3.229 ArbeitnehmerInnen entlassen (AK Wien).

Die künstlich immer höher getriebenen Aktienkurse führen regelmäßig zu Kursabstürzen und der „Vernichtung" spekulativer Vermögen, meist auf Seiten der kleinen Sparer und unerfahrenen Hobbyspekulanten. Die Geschichte lehrt, dass alle paar Jahrzehnte größere **Börsenkrachs und Weltwirtschaftskrisen** auftreten. Diese Gefahren sind heute so groß wie nie zuvor. Es wurden alle Hemmnisse und Regulierungen abgebaut, die nach dem „Schwarzen Freitag" von 1929 eingeführt worden waren (Trennung zwischen Investment- und Geschäftsbanken etc.).

Übrigens: Die Krise der 30er wurde in Europa 1931 durch die Insolvenz der **Österreichischen Creditanstalt** (Bodencreditanstalt) besiegelt, die das europäische Bankensystem wie ein Kartenhaus einstürzen ließ.

Diese Zusammenbrüche der Wirtschaft erfolgen im Schnitt ca. alle 60 Jahre (sog. **Kondratjew-Zyklen**). Viele Rezessionen dauerten Jahrzehnte und wurden erst durch **Kriege** (Rüstungsboom und Neuaufbau) beendet, z.B. Frankreich 1719-1789 (franz. Revolution), USA 1893-1914 (1. Weltkrieg), USA 1929-1941 (Eintritt 2. Weltkrieg).

Börsenkrach und Wirtschaftskrise

Ursache:
» wuchernde Geldvermögen

Probleme:
» Überspekulation
» Spekulationsblasen
» überhöhte Aktienkurse
» rein gewinnorientiertes, kurzsichtiges Wirtschaften

Gefahren:
» Platzen von Börsen- und Immobilienblasen
» Zusammenbruch von hochriskanten Fonds
» größter Börsenkrach aller Zeiten
» neue Weltwirtschaftskrise

Größere Börsenkrachs und Wirtschaftskrisen:
» 1634-1637 Holland
» 1719-1729 Frankreich-USA
» 1819-1820 USA
» 1837-1841 USA
» 1857-1860 NY-USA-weltweit
» 1873-1895 Wien-DE-USA
» 1893-1896 USA
» 1929-1933 NY-USA-weltweit
» viele Fast-Crashs (1987, 1992, 1994, 1997, 1998, ab 2000 fast jährlich)

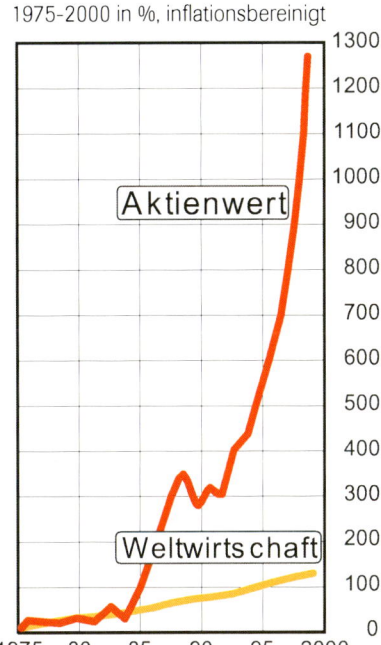

Wachstum der Weltwirtschaft und der Aktienwerte
1975-2000 in %, inflationsbereinigt

© Helmut Creutz Nr. 056
Quelle: Datastream, IWF, OECD

„Ich glaube, dass wir in unserem Geldsystem eine Art karzinombildendes Element haben, was unsere Wirtschaft fortwährend krank macht ... Meiner Meinung nach kann dieses Geldsystem nur dadurch funktionieren, dass es immer wieder zusammenbricht und dann wieder von vorn begonnen wird. Diese Zusammenbrüche nennt man dann Kriege, Wirtschaftskrisen oder Inflationen, je nachdem, aber das bedeutet nur, dass dieses System in sich selbst kein Regulativ hat, was zu einer vernünftigen Eindämmung führen würde." **Michael Ende, dt. Autor 1992**

Kapital zieht sich aus der Realwirtschaft zurück

„Wer Geld mit Geld verdient, wird risikoarm reich.
Wer Geld mit Arbeitsplätzen verdient, wird risikoreich arm."
Klaus Bregger, Chef der CDU-Mittelstandsvereinigung 1996

Da die Gewinnmöglichkeiten in der Finanzwirtschaft (Spekulation) wesentlich größer sind als in der Realwirtschaft, zieht sich das Kapital zusehends in die **Sphären der Spekulation** zurück und fehlt dort, wo es eigentlich benötigt würde. Viele Konzerne verdienen mittlerweile aus Geldvermögen wesentlich mehr als aus den Produktionsbetrieben. So wird Siemens in der Presse scherzhaft aber nicht unzutreffend als „Bank mit angeschlossener Elektroabteilung" und Daimler-Chrysler als „Bank mit angeschlossener Autowerkstatt" bezeichnet. Auch der weltweite **Devisenhandel** (Handel mit Währungen) ist exponentiell gestiegen: 1971 betrug der Anteil am Welthandel nur 10% (90% war realer Warenhandel), 1995 bereits 95% und 2007 fast 99%. Allein in den letzten 3 Jahren explodierte der Devisenhandel um sagenhafte 71% (von 1,9 auf 3,2 Billionen US$ pro Tag - ATTAC.at)

„Heute sind die internationalen Finanzmärkte wohl die erste Weltmacht, mächtiger als selbst die USA."
Erich Streissler, Wiener Ökonom, Experte für int. Finanzmärkte (2000)

Geld ist auch **Macht**, und es wäre naiv anzunehmen, dass diese Macht nicht auch „genutzt" wird. Das Kapital hat einen unvorstellbaren Einfluss auf Ökonomie, Politik und Medien. Was früher noch den Tatbestand der Bestechung erfüllte, ist heute als „Lobbyarbeit" salonfähig.
Wie neuere ökonomische Forschungen belegen, gibt es keine wirklich „**freien Märkte**". Denn nicht der Anbieter, der die besten Produkte zum besten Preis anbietet, setzt sich durch, sondern der, der über das größte Kapital verfügt. Denn Geld ist der Trumpf, mit dem man alle anderen ausstechen kann (z.B. die weltgrößte Supermarktkette, die durch Billigstpreise alle Konkurrenten aushungert, um dann alleine die Preise zu diktieren, oder den weltgrößten Softwarehersteller, der die Konkurrenz nicht durch bessere oder billigere Software ausbootet).
Um nicht unterzugehen sind alle Unternehmen gezwungen, möglichst viel Kapital anzuhäufen oder mit anderen zu **fusionieren**, um im Karpfenteich zu überleben oder am besten der größte Karpfen im Teich zu werden. So bilden sich in fast allen Märkten Monopole oder Oligopole (wenige Anbieter) aus, die ihre Preise absprechen.

„Alle irgendwie bedeutsamen Entscheidungen des Kabinetts wurden in Rücksicht auf die Reaktion von Wall Street getroffen"
Robert Reich, US-Arbeitsminister unter Bill Clinton

Das Märchen von der freien Marktwirtschaft

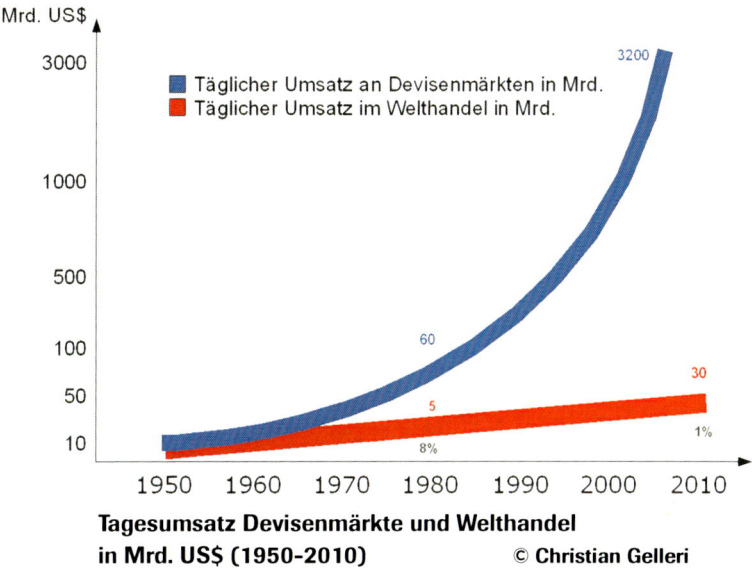

Tagesumsatz Devisenmärkte und Welthandel in Mrd. US$ (1950–2010)   © Christian Gelleri

„Der Reichtum mancher Firmen übersteigt den Reichtum mancher Länder. Diese Konzerne wachsen und wachsen und verschlingen andere Konzerne, und langsam konzentriert sich immer mehr Reichtum auf immer weniger Konzerne. Und wir scheinen nicht zu sehen, dass jene nicht nur Besitz, sondern auch Macht anhäufen. Geld und Macht gehören zusammen."
Tewolde Egziabher, Botaniker aus Äthiopien

„Über die Kapitalkonzentration bei wenigen Konzernen erlangen diese immer mehr die Macht über die gesamte Produktion. Alle Entwicklungen, die aus den multinationalen Konzernen kommen, sind schon heute dafür gedacht, die Menschen noch abhängiger zu machen."
**Günter Hannich,
dt. Finanzberater**

Globalisierung - Liberalisierung - Privatisierung

„Wie kommt es, dass unsere Kommunen vor dreißig Jahren - bei nur halber Wirtschaftsleistung und einem Bruchteil der heutigen Geldvermögen im Lande - Schulen, Schwimmbäder, Kindergärten, Bibliotheken und Sozialeinrichtungen schaffen konnten, diese aber heute oft nicht einmal mehr unterhalten können? Dass die Löcher in den Kassen fast aller öffentlicher Haushalte größer werden, obwohl sie an allen Ecken und Enden sparen, Schulden aufnehmen und sogar ihr ganzes Tafelsilber „verscherbeln" - als letzte Trümpfe nun auch noch die Ver- und Entsorgungseinrichtungen? Geht man dieser Frage systematisch nach, stößt man immer wieder auf bestimmte Überentwicklungen im Geldbereich."
Helmut Creutz, *OOWV-Wasserforum* 2000

Da die Vermögen viel rascher wachsen als die Wirtschaft, hat das wuchernde Geldkapital **Anlageschwierigkeiten** im Inland und sucht nach neuen Anlagemöglichkeiten - inzwischen global. Die Globalisierung hat durch die ausufernden Geldströme heute eine neue Dimension erreicht. Dies wurde durch den Fortschritt in der Kommunikation und den Abbau aller Hemmnisse und Regulierungen beschleunigt.

Die Investoren in aller Welt sind nun dabei, die letzten, bisher nicht zugänglichen **Anlageobjekte** zu finden. Dies sind fast immer kommunale oder staatliche Einrichtungen wie Energie- und Wasserversorgung etc. - lukrative Anlagen, mit denen sich sehr viel Geld verdienen lässt. Da die Öffentliche Hand verzweifelt versucht, ihre **Budgetlöcher** zu stopfen, verkauft sie ihr Tafelsilber. Das reicht meist nur für die eigene Amtszeit oder Legislaturperiode (danach landet man ohnedies wieder in der Opposition). So ist es interessant zu beobachten, wie die wechselnden Regierungen verschiedenster Couleur die Politik ihrer Vorgänger verurteilen, um dieselbe Politik weiter zu verschärfen...

Durch diese Verkäufe wird das **Eigentum der Bürger** verscherbelt, mit deren Steuern und Gebühren die öffentlichen Einrichtungen geschaffen und unterhalten wurden. Außerdem kommen die Einnahmen dieser Einrichtungen künftig nicht mehr der Öffentlichkeit, sondern Minderheiten zu Gute. Diese sind aber nur an der **Gewinnmaximierung** interessiert. Daher führte Privatisierung fast immer zu Preissteigerungen, Qualitätsverlusten und massivem Abbau von Arbeitsplätzen (England, USA...). Nachdem die Konzerne die Substanz ausgeschlachtet oder heruntergewirtschaftet haben, darf der Staat die **maroden Betriebe** oft zum Vielfachen des Verkaufspreises zurückkaufen, um eine funktionierende Versorgung zu gewährleisten (z.B. Britisches Eisenbahnnetz).

Der große Ausverkauf

Ursache:
- » wuchernde Geldvermögen
- » Anlageschwierigkeiten im Inland
- » Suche nach neuen Anlagemöglichkeiten

Zusatzfaktoren für Globalisierung:
- » Fortschritt in der Kommunikation
- » subventionierter Transport
- » Regulierungen abgebaut
- » Hemmnisse abgebaut

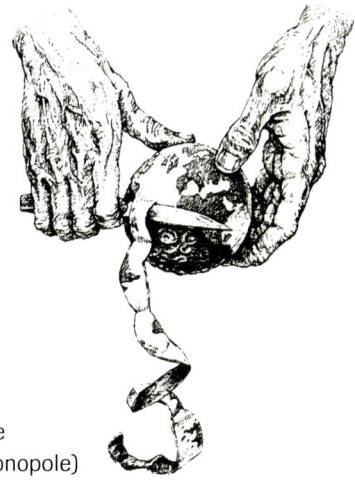

Privatisierung:
- » bisher nicht zugängliche Anlageobjekte
- » lukrative, nachhaltige Investitionen (Monopole)
- » Die andere Seite: Überschuldung der Öffentlichen Hand, Budgetlöcher stopfen, wenigstens bis zum Ende der Legislaturperiode, dann sind wir eh wieder in der Opposition...

Ausverkauf im 6 Punkte-Plan:
- » Telekommunikation (erledigt)
- » Öffentlicher Verkehr (läuft)
- » Energie-/Wasserversorgung (läuft)
- » Gesundheitswesen (kommt)
- » Schulbildung und der Rest (kommt)
- » Wozu brauchen wir noch den Staat...

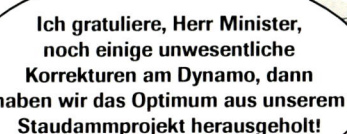

"Ich gratuliere, Herr Minister, noch einige unwesentliche Korrekturen am Dynamo, dann haben wir das Optimum aus unserem Staudammprojekt herausgeholt!"

Industrialisierung und Arbeitsplatzvernichtung

In unserem Zinssystem müssen möglichst viele Kredite aufgenommen und Schulden gemacht werden. Neben der Staatsverschuldung kann die Politik dies erreichen, indem sie die Unternehmen dazu treibt, sich möglichst hoch zu verschulden. **Kapitalintensive Produktionsweisen** (Aufnahme hoher Kredite für teure Investitionen) sind so gesehen besser als arbeitsintensive, die nur geringe Investitionen erfordern.

Mit anderen Worten: Wenn 5 kleine Tischlereien mit je 5 Angestellten und wenigen Maschinen jährlich je 100 Stühle herstellen und in ihrer Region verkaufen, ist dazu nur sehr wenig Kapital nötig. Wenn hingegen ein Betrieb in teure Maschinen investiert, muss er sich bis über beide Ohren verschulden. Von jedem verkauftem Stuhl fließen nun 40-80% in den Zinsendienst. Der Betrieb ist außerdem abhängig geworden: Er steht unter dem Druck, neben seinem Einkommen und dem seiner Arbeiter vorrangig die Zinsen zu erwirtschaften - sonst geht er unter. Die **Bedienung des Kapitals** hat immer Vorrang vor der Arbeit.

Daher muss er seine **Produktion** enorm erhöhen (z.B. 50.000 Stühle jährlich) und diese billiger verkaufen als die Konkurrenz. Natürlich kann er diese nicht mehr regional absetzen, er muss in andere Länder exportieren. Seine Konkurrenten müssen nun ebenfalls die Produktion technisieren und sich verschulden, oder werden Pleite machen...

Industrialisierung benötigt zwei **politische Rahmenbedingungen**:
» hohe Arbeitskosten (hohe Besteuerung der Arbeit)
» geringe Transportkosten (Subventionen, ausgebautes Straßennetz)

Nur wenn Arbeit sehr teuer (also hoch besteuert) und der Transport so billig ist, dass Massenwaren weltweit abgesetzt werden können, lohnt es sich trotz hoher Kapitalkosten maschinell zu produzieren. Nur dann ist der geringwertige, industriell hergestellt und über viele Kilometer transportierte Stuhl im Handel billiger als der in der Region und in Handarbeit hergestellte (siehe auch Hermann Laistner). Die ständige Arbeitsplatzvernichtung erzwingt natürlich ebenfalls ständiges Wirtschaftswachstum, sonst würde die Arbeitslosigkeit explodieren.

Durch Abschaffung der Subventionierung des Transports und der Besteuerung von Vermögen und Ressourcenverbrauch anstatt der Arbeit könnte man also Globalisierung, Industrialisierung und Arbeitsplatzvernichtung bremsen. Doch wer soll dann das Kapitalüberangebot vom Markt nehmen und sich verschulden? Der Staat?

von arbeits- zu kapitalintensiver Produktionsweise

Transport billig
Arbeit hoch besteuert

Fotos: Fotalia

Handarbeit	➤	industrielle Massenprod.
viele Arbeitsplätze	➤	wenige Arbeitsplätze
wenig Kapitalaufwand	➤	hoher Kapitalaufwand
geringe Verschuldung	➤	hohe Verschuldung
geringe Stückzahlen	➤	sehr hohe Stückzahlen
regionaler Markt	➤	(inter-)nationaler Markt

Die gewünschten Effekte sind aber **teuer erkauft**:
» Vernichtung von Arbeitsplätzen, Arbeitslosigkeit (hohe Sozialkosten)
» Verkehrslawine (hohe Kosten für Straßenbau/-sanierung)
» hoher Treibstoff- und Energieverbrauch (Maschinen)
» hoher Rohstoffverbrauch (Reparatur zu teuer, Wegwerfprodukte)
» Umweltzerstörung (Verkehr, Rohstoffverbrauch, intensive Technik)
» Zerstörung von Kleinbetrieben und des Mittelstandes
» geringe Qualität und Lebensdauer der Produkte (Massenproduktion)
» raschere Produktions- und Konsumzyklen aufgrund der geringen Lebensdauer (was wieder positiv für das Wirtschaftwachstum ist...)

Zerstörung des Mittelstandes

„Der Sozialbericht ist ein Alarmsignal, denn er zeigt sehr deutlich, dass der Mittelstand krass zu bröckeln beginnt... Die Politik darf hier nicht tatenlos zusehen, wie eine neue Unterklasse entsteht."
Franz Küberl, Präsident Caritas Österreich 5.2.2005

Der Mittelstand hat bei uns riesige Vermögen angesammelt. Die völlige **Zerstörung der mittelständischen Betriebe** und die Umverteilung dieser Vermögen sind in vielen Ländern im Gange und in etlichen bereits erfolgt (Großbritannien oder USA).

Der Mittelstand und mittelständische Betriebe werden in jeder Hinsicht **systematisch benachteiligt**: Umverteilung der Vermögen über die Zinslasten, Industrialisierung, Globalisierung, Privatisierung, Steuerreformen und erschwerte Vergabe von Kleinkrediten ("Basel II" siehe S. 126).

Ferner werden durch massive Werbung viele in die **Börseneuphorie** getrieben, was in den letzten Jahren ebenfalls zur Vernichtung großer Vermögen des Mittelstands geführt hat. Denn wenn es Gewinner an den Börsen gibt, muss es auch Verlierer geben, und das sind fast immer die schlecht informierten und falsch beratenen Kleinspekulanten. Früher wurde keine Werbung für Aktien gemacht. Nun ist es gerade recht, wenn der Mittelstand seine Vermögen und Pensionsvorsorge in instabile Aktienmärkte und eine riesenhaft aufgeblähte Börsenblase investiert. Dasselbe Spiel (massive Werbung für Aktien und Beruhigung der Kleinspekulanten) ist bereits mehrmals erfolgt - vor den beiden großen Crashs von 1873 und 1929.

Der Haupteffekt der Zerstörung des Mittelstandes ist die zunehmende **Verarmung und Verschuldung** breiter Bevölkerungsschichten, was den weiteren Wachstum des Reichtums weniger ermöglicht.

Die **Karikatur** bringt die Entwicklung auf den Punkt: Während der Mittelstand großteils verarmt und nur wenige den Sprung zur Oberschicht schaffen, erlebt diese einen nie dagewesenen Aufschwung. Leider bedeutet dies jedoch den Untergang des sprichwörtlichen Bootes, in dem wir alle sitzen, und aus Deutschland wird Futschland...

„Da meist nur Großunternehmen in den Schlagzeilen stehen, vergisst man, dass 99% der Betriebe mittelständisch sind und der Mittelstand 80% der Arbeitsplätze und 90% der Ausbildungsplätze bereitstellt."
Thomas Fuchs, langjähriger Raiffeisenbank-Direktor

Aus Deutschland wird Futschland

„Wenn eine Gesellschaft den vielen, die arm sind, nicht helfen kann, kann sie auch die wenigen nicht retten, die reich sind."
John F. Kennedy, US-Präsident

Der Fluch des Geldes

„Der älteste Fluch der Menschen ist das Geld"
Sophokles

Im Auftrag von Bismarck erforschte **Prof. Gustav Ruhland** (Uni Freiburg Schweiz) die Ursachen für den Untergang der historischen Hochkulturen („System der politischen Ökonomie" 1908). Er entdeckte, dass immer der gleiche Zerstörungsmechanismus beim Untergang im Spiel war: Fast jede Hochkultur war auf Geld aufgebaut, das nur gegen Zins verliehen wurde. Durch den beschriebenen Zinseszinseffekt erfolgte eine Vermögenskonzentration und Verschuldung, die im extremen Reichtum einer Minderheit (Dekadenz) und Sklaverei oder Verarmung der breiten Bevölkerung endete (Brot und Spiele).

Am besten ist dies im **antiken Rom** dokumentiert: Zuerst wurden durch die Verschuldung die **Bauern** vernichtet. Es kam zur Entvölkerung des Landes, und die Ländereien wurden von den Reichen aufgekauft. Durch Sklaven erfolgte auch die Vernichtung der Gewerbetreibenden. Jeder Schuldner musste sich selbst als Pfand anbieten. Wenn er die Zinsen nicht zahlen konnte, wurde er als **Schuldsklave** verkauft. Bald waren die meisten Sklaven Römer und es gab in ganz Mittelitalien keine Bauern mehr. Die Lebensmittel mussten aus Provinzen importiert werden, und man war auf ständige Eroberungen angewiesen.

Sehr rasch befand sich ganz Rom im Besitz von nur 2.000 Menschen. Die restliche Bevölkerung war arbeitslos und verarmt und musste durch **„Brot und Spiele"** bei Laune gehalten werden. Die kostenlosen Getreidelieferungen und Gladiatorenspiele, die immer blutiger wurden, verursachten enorme Staatskosten und Steuerlasten. Die Geburtenraten sanken stark und die Selbstmordraten explodierten. Reichtum und **Dekadenz** der Oberschicht nahmen unvorstellbare Ausmaße an. Die politische Führung kam in die Hände der Bankiers. Nur noch der Besitz von Geld wurde geachtet („Geld gibt Geltung"). Am Ende zerfiel die Gesellschaft und das Reich konnte von einigen tausend Germanen überrannt werden (Günter Hannich).

Ähnlich verlief die Entwicklung in **Griechenland**: In der Endphase war der Großteil der Bevölkerung verarmt oder versklavt. Ganz Sparta bestand nur mehr aus wenigen Großgrundbesitzern mit je tausenden Sklaven. Es galt das Sprichwort „Geld macht den Mann".

Ruhlands Forschungen lassen den Schluss zu, dass viele **Hochkulturen,** die an ihrem „Höhepunkt" (dekadente Paläste und Tempel) plötzlich und unerklärlich untergingen, nicht irgendwelchen geheimnisvollen Naturkatastrophen, sondern demselben Schicksaal erlagen - dem Fluch des Geldes. Es wäre klug, aus der Geschichte zu lernen.

Der Untergang von Hochkulturen

Ursache des „geheimnisvollen" Untergangs von Hochkulturen:
» Geld mit Zins und Zinseszins
» Vermögenskonzentration
» und Verschuldung
» Reichtum einer Minderheit -
» Verarmung der Bevölkerung
» Versklavung der Bevölkerung
» Brot und Spiele - hohe Kosten
» hohe Steuerlasten - Unruhen
» Zerfall der Gesellschaft
» Zusammenbruch der Kultur

Verfall des Römischen Reiches:
» Zerstörung des Bauernstandes
» Zerstörung der Gewerbetreibenden durch Gewerbesklaven
» Lebensmittelimporte
» ständige Eroberungen
» Ausbeutung der Provinzen
» Verarmung und Arbeitslosigkeit
» Brot und Spiele
» enorme Staatskosten, Steuern
» Rückgang der Geburtenraten
» hohe Selbstmordraten
» unvorstellbare Dekadenz
» Verfall der Sitten
» Verfall der Gesellschaft
» Eroberung durch eine Handvoll Germanen

Fotos: (cc) Wikipedia

„104 v. Chr. konnte der Tribun Phillipus in öffentlicher Rede erklären, dass es in Rom nicht mehr als 2000 Personen gebe, welche ein Vermögen hätten... Binnen 14 Jahren war die Schuldsumme auf das 6-fache gewachsen, so dass die Gemeinden ihre öffentlichen Gebäude, die Eltern ihre Kinder verkaufen mussten, um den Gläubigern gerecht zu werden... Weil die Masse der Bürger in Rom verarmt war, keine Beschäftigung fand und nichts zu essen hatte, hat man staatliche Getreidelieferungen zu billigsten Preisen eingeführt. Und um die eventuell gefährlich werdende Langeweile des Proletariats zu verscheuchen, wurden ‚öffentliche Spiele' gewährt."
Prof. Gustav Ruhland, 1908

Teil II
Neues Geld - Neue Welt
Theoretische Lösungsansätze

Selbstverständlich kommt nicht alles Übel dieser Welt vom Geld, aber es spielt in allen Bereichen eine sehr große Rolle und beeinflusst alle Probleme. Durch die **Lösung des Geldproblems** könnten also viele andere gelöst oder gemildert werden. Daneben gibt es noch genügend andere Baustellen, aber Geld ist wohl die zentrale. Ein neues Geld bringt sicher eine neue Welt, da es auch das Denken und Zusammenleben der Menschen bestimmt. Eine Veränderung des Geldes wird größere Auswirkungen haben, als wir heute abschätzen können.

Es gibt **Lösungsvorschläge**, einen seit fast 100 Jahren. Es geht nicht um revolutionäre Ideologien oder eine Verteufelung der Reichen. Auch diese müssen ein Interesse an der Lösung des Problems haben, denn wir sitzen im selben Boot und werden zusammen untergehen. Die Frage von **Arm und Reich** ist zwar auch eine moralische, aber keine von Gut und Böse, denn Armut und Reichtum sind systembedingt.

Optimal wäre die Erreichung eines zins- und inflationsfreien Geldes („**neutrales Geld**" genannt), das weder Umverteilung noch Wachstum erzeugt. Der Zins soll auch nicht abgeschafft, sondern auf ein möglichst niedriges Niveau gesenkt werden, um dort auf einem freien Markt um Null zu pendeln (oder auch mal unter Null zu sinken).

Die „natürliche" Regulierung unseres Geldsystems besteht in regelmäßigen Zusammenbrüchen und Neuanfängen. Dies könnte man auch durch eine **Hyperinflation** erreichen, die die gesamten Geldvermögen vernichten und das Kapital wieder auf das Niveau der realen Wirtschaft bringen würde (Ferdinand Lacina - Ex-Finanzminister von Österreich). Diese „Lösung" ist uns heute verwehrt, da sich die Notenbanken nicht mehr unter demokratischer Kontrolle befinden.

Theoretische Lösungsansätze

» Tobin-Steuer gegen Devisenspekulation (James Tobin)
   ATTAC für eine Globalisierung mit menschlichem Antlitz 46
» Gegen die Vermögensverteilung „steuern"
   Die Mathematik der Ungleichheit 49
» Umlaufgesichertes Geld (Negativzins, Demurrage)
   Rostendes Geld (Silvio Gesell)
   Alterndes Geld (Rudolf Steiner) 50
» Natürliche Wirtschaftsordnung heute (Helmut Creutz)
   Weiterentwicklung der Freiwirtschaftslehre 52
» Bancor und Geldhaltekosten (John Maynard Keynes)
   Ungleichgewichte im Welthandel vermeiden 54
» Vollgeld (Josef Huber)
   Grundeinkommen und Stärkung der Notenbanken 56
» Nutzung komplementärer Währungen (Bernard Lietaer)
   Netzwerk regionaler Währungen (Margrit Kennedy)
   Regionale Geldschöpfung - Es werde Geld... 58
» Geldökologie (Richard Douthwaite)
   Ein vielschichtiges Gesamtkonzept 60

*„Schwierig sind nicht die neuen Gedanken;
schwierig ist nur, von den alten loszukommen."*
Prof. John Maynard Keynes, brit. Nationalökonom

*„Die Probleme, die es in der Welt gibt, sind nicht mit
der gleichen Denkweise zu lösen, die sie erzeugt hat."*
Albert Einstein angesichts der Weltwirtschaftskrise

*„Die ‚Befreiung der Marktwirtschaft vom Kapitalismus' ist nicht ein utopisches
Ziel; die zentrale Fehlstelle in unserer Selbstorganisation ist längst erkannt:
die schrankenlose Macht des Geldes, dem auf Erden alles offen stehen soll,
während es den Menschen, die es nicht besitzen, mehr und mehr an Freiheit
nimmt."* **Peter Kafka (1933-2000), dt. Astrophysiker (Max-Planck-Institut)**

Tobin-Steuer gegen Devisenspekulation

Durch Freigabe der Wechselkurse, Abbau von Kapitalverkehrskontrollen und der Bildung riesiger Anleihe-, Aktien- und Derivatmärkte wurde die Weltwirtschaft zum **globalen Casino** (fast 99% aller Transaktionen sind spekulativ). Nach der durch Spekulation ausgelösten Südostasienkrise publizierte Ignacio Ramonet, Chefredakteur der „**Le Monde diplomatique**", 1997 einen Aufruf zur Kontrolle der Finanzmärkte:

» Schließung der Steueroasen
» höhere Kapitalbesteuerung
» weltweite Einführung der Tobin-Steuer

Der Aufruf führte in Frankreich 1998 zur Gründung der **globalisierungskritischen Organisation ATTAC** („Association pour une Taxation des Transactions financières pour l'Aide aux Citoyens"- „Vereinigung zur Besteuerung von Finanztransaktionen zum Wohle der BürgerInnen"). Heute ist ATTAC in 52 Ländern aktiv, hat ca. 90.000 Mitglieder und könnte zu einer der wichtigsten gesellschaftspolitischen Bewegungen werden. Es ist zu hoffen, dass ATTAC die Geldproblematik erkennt.

Die **Tobin-Steuer** ist eine geringe Umsatzsteuer von 0,05 bis 1,0% auf grenzüberschreitende Geldgeschäfte. Sie würde Kapitalspekulationen stark reduzieren (meist geringe Gewinnspannen) und hohe Einnahmen bringen (jährlich 250 Mrd. US$ bei 0,1% und Rückgang der Spekulationen um 50%). Es kam die Idee auf, die Einnahmen zur globalen Bekämpfung der Armut und von Umweltschäden zu verwenden (dazu wären laut UNO jährlich 225 Mrd. US$ nötig - Peter Wahl 2001). Tobin hat sich jedoch von dieser Idee und auch von ATTAC distanziert.

2002 entwickelte Paul Bernd Spahn (Uni Frankfurt) die **Spahn-Steuer**, welche die Tobin-Steuer als Einnahmequelle der Staaten mit einer viel höheren Steuer im Fall von Währungskrisen kombiniert (ERND Abgabe zur Normalisierung des Wechselkurses). Damit reagiert er auf das Problem, dass die geringe Tobin-Steuer starke Kursschwankungen in Währungskrisen nicht verhindern kann (Wikipedia).

Die Parlamente Frankreichs und Belgiens haben bereits die Einführung der Tobin-Steuer beschlossen (wenn die EU mitmacht). Dänemark, Frankreich und Deutschland befürworten eine Tobin-Steuer zugunsten der Entwicklungsländer. Wolfgang Schüssel schlug 2005 vor, die EU soll die Tobin-Steuer als Einnahmequelle nutzen (Wikipedia).

Die Steuer würde grundsätzlich positive Auswirkungen haben und ihre Umsetzung wäre wohl möglich. Sie ist jedoch eine reine **Symptombehandlung**, die nicht die Ursachen der Probleme (wuchernde Geldvermögen) löst und die Spekulationsblasen in andere Bereiche abdrängt.

ATTAC für eine Globalisierung mit menschlichem Antlitz

James Tobin (1918-2002)

Ignacio Ramonet (*1943)

Grundidee/Ziele der Tobin-Steuer:
- » geringe Steuer auf internat. Geldgeschäfte (0,05 - 1,0%)
- » soll Devisenspekulation eindämmen
- » Ergänzung: Einnahmen zur globalen Armutsbekämpfung

Geschichte:
- » 1972 Vorschlag der Devisen-Transaktions-Steuer
- » 1997 Artikel in „Le Monde diplomatique" (Ignacio Ramonet)
- » 1998 Gründung von ATTAC in Frankreich (*www.attac.org*)
- » 2000 Gründung von ATTAC Österreich (*www.attac.at*)
- » 2002 erweiterte Spahn-Steuer („Tobin cum circuit breaker")

Beurteilung:
- » Umsetzung politisch schwierig (Lippenbekenntnisse?)
- » grundsätzlich positive Auswirkungen
- » löst aber nicht die Ursachen (wuchernde Geldvermögen)
- » reine Symptombehandlung (verlagert die Probleme)

Instabilitäten der letzen Jahre:
- » 1987 Börsencrash
- » 1992 KO des Pfund (durch Spekulant George Soros)
- » 1994 Tequila-Krise
- » 1997 Finanzkrise in Südostasien
- » 1998 KO des Rubel - Russlandkrise (George Soros)
- » 1998 Crash des LTCM Hedge-Fonds, Fast-Crash Italiens
- » 1998 Brasilienkrise
- » Türkei, Venezuela, Japan, Immobilienblase USA etc.

„Wenn Leute wie ich ein Währungssystem stürzen können, stimmt das System nicht."
George Soros, Multimilliardär und Megaspekulant

Gegen die Vermögensverteilung „steuern"

Die Pariser Physiker Jean Philippe Bouchaud und Marc Mezard haben im Computer **Netzwerke** von hunderten identischen Personen simuliert. Jeder erhielt zu Beginn den gleichen Geldbetrag. Das Geld kann nach zwei einfachen Regeln zirkulieren:
- Entweder machen zwei Personen ein Geschäft miteinander und das Geld wechselt den Besitzer (Alltagstransaktionen).
- Oder das Geld wird investiert und kann sich von selbst vermehren oder vermindern (Spekulation).
- Allerdings: Wer arm ist, beteiligt sich nur an den Alltagstransaktionen. Erst wer Geld im Überfluss besitzt, kann es investieren.

Die erstaunten Forscher konnten beobachten, dass sich im Laufe der Zeit das Geld immer **ungleichmäßiger** verteilte - obwohl jeder Gewinn oder Verlust nur durch Zufall gesteuert wurde, alle virtuellen Personen völlig gleich waren, ihre Fähigkeiten also keine Rolle spielten. Dennoch landete am Ende der Großteil des Geldes immer in den Händen einer kleinen Minderheit - wie es auf der ganzen Welt zu beobachten ist (ein Gesetz, das Vilfredo Pareto bereits 1897 entdeckte). Die Physiker bewiesen: Die Tendenz, dass Reiche immer reicher werden, ist bereits im Transaktions-Netzwerk zwischen den Menschen eingebaut.

Nach den Ergebnissen der Simulation gibt es eine Methode, dies abzumildern (aber nicht zu verhindern): Alles, was den Geldfluss im Bereich der Alltagstransaktionen steigert, senkt die Ungleichheit. Hört das Geld auf zu fließen, sammelt sich auf Konten und wird spekulativ investiert, steigt die Ungleichheit. Die Forscher folgerten, dass Steuern ein Mittel sind, die **Ungleichheit zu mildern** - vorausgesetzt, das vom Staat eingenommene Geld fließt gleichmäßig verteilt ins Netz zurück (Nicolai Schirawski „Small World - Kleine-Welt-Phänomen").

Es müssten also die Besitzeinkommen so hoch besteuert werden, dass sich langfristig kein Reichtum bei Wenigen bilden kann. In der Praxis könnte dies durch hohe **Vermögens- und Kapitalertragssteuern** mit hohen Freibeträgen erfolgen. Dadurch würde das Vermögen von 90% der Bevölkerung unberührt bleiben. Nur wer in die Sphären der Multimillionäre vordringt, würde sehr stark besteuert werden.

Leider ist dies politisch **kaum durchsetzbar**. Die Steuerpolitik entwickelt sich praktisch umgekehrt. Die Steuern müssten so hoch sein, dass sie das Wachstum großer Vermögen verhindern (dieses beträgt 8-15% pro Jahr). Dennoch würden die Vermögen nur gleichmäßiger verteilt, das exponentielle Wachstum aller Vermögen und Schulden durch positive Zinsen (und alle anderen negativen Effekte) aber nicht gebremst.

Die Mathematik der Ungleichheit

Jean Philippe Bouchaud **Marc Mezard (Physiker)**

Ergebnisse moderner Netzwerkforschung (Wirtschaftsphysik):
» Geld sammelt sich bei einer kleinen Minderheit
» Ursache sind spekulative Investitionen
» Ungleichheiten sind im System eingebaut

Grundidee/Ziele:
» Geld darf nur reines Tauschmittel sein
» spekulative Investitionen weitgehend verhindern
» Ungleichheiten durch hohe Steuern mildern
» Geld gleichmäßig an die Bevölkerung rückverteilen

Mögliche Umsetzung:
» sehr hohe Vermögens-/Kapitalertragssteuer
» sehr hohe Freibeträge

Beurteilung:
» Steuern müssten extrem hoch sein
» politisch und langfristig unmöglich (Steuerpolitik entwickelt sich praktisch umgekehrt)
» würde Ungleichgewicht der Vermögensverteilung mildern, aber nicht verhindern
» verhindert nicht das exponentielle Wachstum aller Vermögen und Schulden durch positive Zinsen

„Die Idee, dass man unbegrenzt immer mehr physisches Kapital anhäufen kann und dass das allen hilft, stimmt so sicher nicht mehr. Früher hat mehr Kapital vielleicht zu einer Verbesserung der Lebensqualität geführt, heute führt es zur Zerstörung von Lebensqualität. Nicht für jeden natürlich, es gibt einige wenige Reiche, aber wenn man sich die Konsequenzen ansieht, sind sie im Großen und Ganzen negativ."
Dennis L. Meadows, brit. Ökonom, Interview act Greenpeace Österreich

Umlaufgesichertes Geld (Negativzins, Demurrage)

Silvio Gesell (1862-1930) war ein deutscher Kaufmann in Argentinien, der in seinem Hauptwerk „Die natürliche Wirtschaftsordnung" (1916) erstmals ein Geldsystem ohne Zins (Freigeld) und eine Marktwirtschaft ohne Kapitalismus (Freiwirtschaft) vorstellte. Angelpunkt war die **Überlegenheit des Geldes**, das nicht verdirbt und gehortet werden kann. Der Besitzer einer Ware muss diese rasch verkaufen, sonst verdirbt sie, ebenso der Arbeiter seine Arbeitskraft, sonst verhungert er. Der Geldbesitzer kann jedoch warten, bis er investiert. Unternehmer und Arbeiter müssen ihn durch Zahlung eines Betrags (Zins) animieren, sein Kapital zu verleihen. Unterschreitet der Zins 2-3%, zieht sich das Geld aus dem Kreislauf zurück und streikt (Deflation, Rezession). Daher ist Geld eine Mangelware (Monopol), die Zins erpressen kann.

Lösung: Das Geld müsse auf die Stufe der Waren herabsinken und an Wert verlieren („rostendes Geld"). Gesell schlug vor, monatlich **Wertmarken** auf die Scheine zu kleben (Strafgebühr für die Zurückhaltung). Um dem Verlust zu entgehen, wird der Besitzer Geld zinsfrei verleihen, um es zu 100% in neuen Scheinen zurückzuerhalten. Die Gebühr kommt nicht einzelnen, sondern allen zugute. Geld wird zu einer staatlichen Dienstleistung, für die Bürger eine Nutzungsgebühr entrichten.

Die Umlaufsicherung bewirkt einen schnellen, ungestörten und krisenfreien Geldumlauf. **Inflation** (Aufblähung des Geldvolumens durch die Notenbank aus Angst vor Geldhortung und Deflation) wäre ebenfalls unnötig: Geld könnte eine „Währung" werden, die dauerhaft „währt". Gesell war auch der Erste, der einen **Warenkorb** vorschlug, um steigende oder sinkende Preise festzustellen, und eine absolute **Preisstabilität** des Geldes zu erreichen.

Gesell erkannte ferner, dass **Golddeckung** oder **Edelmetallwährung** unklug ist: Die Förderkapazitäten der Bergwerke können nicht immer mit dem Geldbedarf der Wirtschaft mithalten - Deflation wäre vorprogrammiert. Gesell sagte auch voraus, dass der **Kommunismus** nie funktionieren kann, weil er die eigennützige Natur des Menschen und das Geldproblem ignoriere. Gesell wird leider als Antisemit **verleumdet**, was aber keiner Prüfung standhält (Die Nazis missbrauchten Gesells Argumente zur Judenhetze - „Brechung der Zinsherrschaft").

Rudolf Steiner (1861-1925), öst. Philosoph und Begründer der Anthroposophie, verfolgte denselben Gedanken, sprach aber von „alterndem Geld" und sah eine abrupte Entwertung sowie Schenkgeld vor.

Weiterentwicklung und **Beurteilung** siehe nächste Doppelseite.

„Ich glaube, dass die Zukunft mehr vom Geiste Gesells als von jenem von Marx lernen wird." **Prof. John Maynard Keynes 1936**

Rostendes und alterndes Geld

Silvio Gesell (1862-1930)   **Rudolf Steiner (1861-1925)**

Grundidee:
- » Problem: Alles auf der Welt ist vergänglich, nur nicht Geld. Wer mehr Geld hat als benötigt, kann es daher zurückhalten.
- » Lösung: Wer Geld zurückhält, soll eine Strafgebühr zahlen - z.B. durch monatliches Aufkleben von Wertmarken.

Erwartete Auswirkungen:
- » Umlaufsicherung verhindert Geldrückhaltung
- » Zins pendelt sich um Null ein
- » Abschaffung der Inflation als Mittel zur Umlaufsicherung
- » absolute Preisstabilität (echte „Währung")
- » schneller, ungestörter und krisenfreier Geldumlauf

Silvio Gesell (1862-1930):
- » Hauptwerk „Natürliche Wirtschaftsordnung" (1916)
- » „rostendes Geld", Freiwirtschaft (Freigeld und Freiland)

Rudolf Steiner (1861-1925):
- » Begründer der Anthroposophie
- » „alterndes Geld" (Kauf-, Leih- und Schenkgeld)

„Das Geld soll wie die Eisenbahn sein, weiter nichts als eine staatliche Einrichtung, um den Warenaustausch zu vermitteln, wer sie benutzt, soll Fracht zahlen." **Silvio Gesell, dt.-argent. Kaufmann und Sozialreformer**

„Es gibt heute etwas höchst Unnatürliches in der sozialen Ordnung. Das besteht darin, dass das Geld sich vermehrt, wenn man es bloß hat. Man legt es auf eine Bank und bekommt Zinsen. Das ist das unnatürlichste, was es geben kann... Man tut gar nichts, man legt sein Geld auf die Bank, das man vielleicht nicht erarbeitet, sondern ererbt hat, und bekommt Zinsen dafür. Das ist ein völliger Unsinn." **Rudolf Steiner, öst. Philosoph**

Natürliche Wirtschaftsordnung heute

Helmut Creutz (geb. 1923) ist ein bekannter Wirtschaftsanalytiker und -publizist, der bereits mehrfach für den Alternativen Nobelpreis vorgeschlagen wurde. In seinem Klassiker „Das Geld-Syndrom" erklärt er komplizierte Vorgänge und Zusammenhänge in unserer Wirtschaft. Er übt fundamentale Kritik an unserem Geld- und Zinssystem: Da Geld die Basis unserer Wirtschaft, und damit die Basis unserer Gesellschaft sei, würde sich exponentielles Wachstum durch den Zinseszins langfristig zerstörerisch auf die ganze Welt auswirken. Er ist Mitbegründer der Initiative für Natürliche Wirtschaftsordnung (INWO).

Im Gegensatz zu Gesell, der einen Negativzins von über 12% pro Jahr vorsah, sieht Creutz 6-8% als ausreichend. Auf den **Girokonten** wäre dies vollautomatisch umsetzbar. Damit man ohne Wertverlust (bei Freigeld sogar ohne Inflation) sparen kann, sind längerfristige **Sparkonten** vom Negativzins befreit. Damit man den Negativzins nicht umgehen kann, ist eventuell zusätzlich eine **Transfergebühr** zwischen den kurz- und langfristigen Konten nötig.

Beim Bargeld schlägt Creutz anstatt eines Stempel- oder Klebegeldes (hoher Verwaltungsaufwand) die regelmäßige Einziehung von Noten vor: Wie in einer **Lotterie** sollten monatlich einzelne Serien oder Notengrößen mit bestimmter Wahrscheinlichkeit ausgelost werden. Diese werden ungültig und müssen gegen eine Gebühr in neue umgetauscht werden. Da die nötige Geldmenge durch die höhere Umlaufgeschwindigkeit vielfach kleiner sei, hielte sich der Aufwand in Grenzen.

Trotz der heftigen und ideologischen Kritik am Freigeld wurde es bei näherer Betrachtung **in der Theorie** noch nicht widerlegt und würde vermutlich funktionieren. **In der Praxis** wurde es allerdings noch nie in größerem Rahmen getestet (nur lokal z.B. in Wörgl in Tirol). Politisch ist Freigeld unmöglich durchsetzbar (außer nach einer großen Krise).

Silvio Gesell hat als erster das Grundproblem und einen Lösungsweg aufgezeigt. Leider wird er von den meisten ÖkonomInnen totgeschwiegen.

„Die Wirtschaftswissenschaft hat Silvio Gesell tiefe Einblicke in das Wesen des Geldes und des Zinses zu verdanken, jedoch ist er von der nationalökonomischen Zunft immer als Sonderling betrachtet worden. Er war ja auch kein Professor – und das ist schon verdächtig. Entscheidend ist, dass die ordnungspolitischen Ideen von Silvio Gesell richtig und vorbildhaft sind."
Prof. Joachim Starbatty, Nationalökonom 1977

„Die Schaffung eines Geldes, das sich nicht horten läßt, würde zur Bildung von Eigentum in anderer wesentlicherer Form führen."
Albert Einstein über Silvio Gesell 1921

Weiterentwicklung der Freiwirtschaftslehre

Helmut Creutz (*1923)

Initiative für Natürliche Wirtschaftsordnung

Grundidee:
» Weiterentwicklung der Freiwirtschaft von Silvio Gesell
» Initiative für Natürliche Wirtschaftsordnung (*www.inwo.de*)
» regelmäßige Einziehung von Noten und Umtauschgebühr
» Negativzins auf Girokonten (6-8% pro Jahr)
» längerfristige Sparkonten ohne Wertverlust
» Transfergebühr zwischen kurz-/langfristigen Konten

Beurteilung:
» In der Theorie noch nicht widerlegt (vermutlich erfolgreich).
» In der Praxis noch nie in größerem Rahmen getestet.
» Politisch unmöglich durchsetzbar (außer nach einer Krise).

„Die Idee des alternden Geldes steht im Hintergrund meines Buches Momo. Gerade mit diesem Gedanken von Steiner und Gesell habe ich mich in den letzten Jahren intensiver beschäftigt, da ich zu der Ansicht gelangt bin, dass unsere ganze Kulturfrage nicht gelöst werden kann, ohne dass zugleich oder vorher sogar die Geldfrage gelöst wird."
Michael Ende, dt. Autor 1986

„Wenn die Fehlstrukturen unseres monetären Systems bestehen bleiben, kann letztlich auch ein Mehr an Steuergerechtigkeit den Sozialstaat und damit den sozialen Frieden in unserem Land nicht retten. Denn die heutige prekäre Gesamtsituation in unserer Gesellschaft ist weniger die Folge überzogener Ansprüche an den Sozialstaat, als die der zunehmenden Ansprüche des Kapitals an das Sozialprodukt."
Helmut Creutz, Zeitschrift für Sozialökonomie Dezember 1997

Bancor und Geldhaltekosten (Carrying Costs)

Prof. John Maynard Keynes war einer der berühmtesten Ökonomen des 20. Jahrhunderts. Seine Theorien erlebten im „Keynesianismus" jedoch intensive Säuberungsaktionen (US-Ökonom Axel Leijonhufvud). Die zentralen Anschauungen und **kapitalismuskritischen Abschnitte** seines Hauptwerks „Allgemeine Theorie der Beschäftigung, des Zinses und des Geldes" (1936) wurden von den „Keynesianern" einfach ignoriert: die Problematisierung von Geld, Zins und den Konsequenzen.

Keynes wollte wie Gesell durch **Geldhaltekosten** (Carrying Costs = Strafzinsen auf Guthaben) den Ertrag des Kapitals auf Null bringen, was das Ende des Kapitalismus bedeutet hätte. Er glaubte auch nicht an die wunderbaren Selbstheilungskräfte des Marktes und ewiges Wirtschaftswachstum. Auch das „deficit spending" war nicht als Aufruf zum Schuldenmachen zum Ankurbeln der Konjunktur gedacht. Keynes ist also durch die fragwürdige Auslegung seiner Theorie durch seine Jünger in Misskredit geraten. „Keynes war kein Keynesianer" ist die Erkenntnis vieler Ökonomen (Harald Scherf).

Auf der Konferenz von Bretton Woods 1944, wo die Neuordnung der Weltwirtschaft nach dem Krieg geregelt wurde, machte Keynes den Vorschlag, das **virtuelle internationale Buchgeld „Bancor"** einzuführen. Im Zentrum stand die „International Clearing Union" (ICU). Jedes Mitgliedsland verfügte über ein Konto. Der Kontostand richtete sich an der Handelsbilanz (Robert Musil). Die Währung wäre erst beim Tauschhandel entstanden, womit die ICU Geldschöpfung betrieben hätte und von Liquiditätsproblemen befreit gewesen wäre (Thomas Betz 2000).

Um Ungleichgewichte zwischen den Handelsbilanzen der Länder auszugleichen, wären sowohl höhere Schulden wie Guthaben mit **Strafzinsen** belastet worden (jährliche Abgabe von 1 bzw. 2% bei Überschreitung der Quote in Soll oder Haben um 25% bzw. 50%). Dies hätte ein Ausufern der Bancor-Guthaben und -schulden verhindert und **Zinssätze nahe Null** bewirkt (Thomas Betz). Durch dieses Kreditsystem könnten Defizitländer günstige Kredite erhalten ohne der Weltwirtschaft Kaufkraft zu entziehen (Meyer 1999). Ferner hätte der internationale Kapitalverkehr kontrolliert und **Kapitalflucht** unterbunden werden können. Devisenspekulationen und die Vormacht des US$ als Weltleitwährung wären verhindert worden.

Keynes Plan wurde in Bretton Woods von den USA abgelehnt. **Josef Stiglitz** (Ex-Weltbank-Chef, Nobelpreisträger) greift heute Keynes Idee wieder auf. Hans-Jürgen Klausner schlägt ein Welt-Einheits-Geld (WEG) vor, und Bernard Lietaer eine nicht-staatliche internationale Währung namens **Terra**, die auch auf einem Warenkorb basiert.

Ungleichgewichte im Welthandel vermeiden

John Maynard Keynes (1883-1946)   **Josef Stiglitz (*1943)**

Grundidee/Ziele:
» Bancor ist virtuelles internationales Buchgeld
» Geldschöpfung durch gegenseitige Kreditvergabe
» Wert basiert auf 30 Gütern/Rohstoffen
» Ausgleich der Handelsbilanzen (Import/Export)
» Strafzinsen auf Guthaben (Carrying Costs - Geldhaltekosten)
» günstige Kredite (Zinssätze nahe Null)

Geschichte:
» 1933 Vorläufer „Die Europa - Geld des Friedens"
» 1944 Bancor-Plan Keynes in Bretton Woods gescheitert
» 2006 neue Initiative von Josef Stiglitz (Ex-Chef der Weltbank)
» andere neue Vorschläge wie Welt-Einheits-Geld und Terra

Beurteilung:
» äußerste positive Auswirkungen auf internationaler Ebene
» nationale Ungleichgewichte würden weiter bestehen bleiben

„Ich bin überzeugt, daß es nicht schwierig wäre.... die Grenzleistungsfähigkeit des Kapitals [seinen Ertrag] auf Null zu senken. Dies mag der vernünftigste Weg sein, um allmählich die verschiedenen anstößigen Formen des Kapitalismus loszuwerden. Denn ein wenig Überlegung wird zeigen, was für gewaltige gesellschaftliche Veränderungen sich aus einem allmählichen Verschwinden eines Verdienstsatzes auf angehäuftem Reichtum ergeben würden... Dieser Zustand würde den sanften Tod der sich steigernden Unterdrückungsmacht des Kapitalisten bedeuten, den Knappheitswert des Kapitals auszubeuten... Ich betrachte daher die Rentnerseite des Kapitalismus als vorübergehende Phase, die verschwinden wird, wenn sie ihren Zweck erfüllt haben wird. Und damit wird noch vieles andere einen Gezeitenwechsel erfahren."
Prof. John Maynard Keynes 1936

Vollgeld (Plain Money)

Prof. Josef Huber ist Sozialwissenschaftler und Ökonom an der Uni Halle und veröffentlichte 1998 sein Vollgeld-Konzept, eine völlige Neuordnung des Bankwesens und der Finanzpolitik. Hier wird's etwas komplizierter: Heute stellen Guthaben einen Anspruch auf Bargeld bei der Bank dar, und die Bank kann jede Bargeldeinlage 10x weiter verleihen (10% Mindestrücklage), dafür Zinsen kassieren und die Geldmenge verzehnfachen (sog. Leverage oder Geldschöpfung). Nur für Bargeld muss sie Zinsen (Leitzinsen) an die Notenbank zahlen.

Laut Huber sollen die Bürger **alleinige Eigentümer** ihrer Guthaben sein und selbst entscheiden, in welcher Form ihr Geld auf dem Kapitalmarkt wem angeboten werden soll. Den Banken wird die Möglichkeit der Geldschöpfung entzogen und zu 100% an die Notenbank übergeben (daher «Vollgeld»), die damit endlich eine direkte Geldmengensteuerung betreiben kann. Die Geldbesitzer (nun die Bürger und nicht die Banken) müssten für die vollen Guthaben Zinsen an die Notenbank zahlen, was einer Umlaufsicherung entspricht (die Einnahmen würden aber der Allgemeinheit und nicht Wenigen zugute kommen).

Vollgeld soll von der Notenbank direkt an die Bürger in Form **zinsfreier Darlehen** ausgegeben werden (**Grundeinkommen**). Dies würde zu einem tieferen Zins- und einem höheren Investitions- und Beschäftigungsniveau führen. Zur Deckung brauche es keine Reserven. Die einzige Sicherheit, die den Wert des Geldes deckt, komme von Arbeit und Produktionskapazität. Die Reduktion der Geldmenge soll durch die Abführung von Steuern an die Notenbank erfolgen (Martin Herzog).

Da die Banken den Aufwand für den **Zahlungsverkehr** nicht mehr aus Zinserträgen finanzieren können, müssen sie diese Kosten voll an ihre Kunden weitergeben (entweder durch höhere Kontoführungsgebühren oder abhängig von der Höhe der Guthaben, wie es in der Schweiz bis in die 60er Jahre üblich war). Die Banken können ihren Kunden gering verzinste Geldmarktkonten für überschüssige Geldbestände anbieten. Damit können die Kunden den Kosten der Geldhaltung entgehen und die sonst entstehenden Kreditlücken weitgehend schließen.

Kritisch ist, dass die Geldmengensteuerung einerseits mit dem Grundeinkommen, andererseits mit den Steuern verknüpft wird. Es erfolgt eine Vermischung sozialstaatlicher Aufgaben mit denen der Notenbank (Helmut Creutz). Ferner steigt die Macht der Notenbank erheblich. Das Konzept ist sehr komplex und in seinen Auswirkungen schwer abschätzbar. Auf jeden Fall ist es kaum umsetzbar, da es einer Entmachtung der Geschäftsbanken gleichkommt.

Grundeinkommen und Stärkung der Notenbanken

Prof. Josef Huber

Grundidee:
» Geldausgabe von Nationalbank direkt an die Bürger in Form zinsfreier Darlehen (Grundeinkommen)
» Bürger sind alleinige Eigentümer von Geld/Konten (Geschäftsbanken haben keinen Einfluss).
» Reduktion der Geldmenge durch Abführung von Steuern an die Zentralbank

Ziele:
» finanzielle Probleme des Staates lösen
» Geldschöpfung durch Banken verhindern
» finanzielle Instabilitäten vermeiden
» Senkung des Zinsniveaus

Beurteilung:
» Vermischung sozialstaatlicher Aufgaben mit der Notenbank
» Auswirkungen/Erfolg schwer absehbar
» kaum umsetzbar (Entmachtung der Geschäftsbanken)

„Geld ist die Ressource der Ressourcen, das heißt es ist die Ressource für die Verteilung aller anderer wirtschaftlicher Ressourcen und seiner selbst... Eine öffentliche Währung, die von Hand zu Hand geht als anonymes Zahlungsmittel, das niemandem wirklich gehört, ist ein öffentliches Gut, dessen Wert dem Gemeinwohl zugute kommen und selbst nicht Gegenstand von Geschäftemacherei sein sollte." **Prof. Josef Huber**

„Auf längere Sicht könnte Zinsfreiheit und Neutralität des Vollgeldes zur Änderung des Verständnisses von Geld führen und den materialistischen Geist, Utilitarismus und Kapitalismus untergraben. Geld könnte aufhören ein Zweck an sich zu sein und substantielleren Prioritäten Platz machen."
Prof. Josef Huber

Netzwerk komplementärer Währungen

Prof. Bernard A. Lietaer ist internationaler Finanzexperte, der unser Geldsystem wie wenige andere kennt und viele kontroverse Bücher zum Thema Geld geschrieben hat. Er war professioneller Währungsspekulant und Berater multinationaler Konzerne. Während seiner 5-jährigen Tätigkeit bei der Belgischen Zentralbank war er verantwortlich für die Einführung des ECU (Vorläufer des Euro). **Prof. Dr. Margrit Kennedy** ist Architektin, Stadt- und Regionalplanerin und arbeitete für Forschungsprojekte der OECD und UNESCO in 15 Ländern.

Laut Lietaer und Kennedy seien internationaler Handel und Globalisierung nicht in der Lage, soziale Bedürfnisse zu erfüllen und das Gemeinwohl zu sichern. **Komplementäre Währungen** sehen sie als nützliche Werkzeuge zur Förderung sozialer Bereiche (Altenpflege, Bildung, Umweltschutz...). Zweitwährungen parallel zum Euro seien ein geeignetes Mittel, um das Ungleichgewicht des freien Marktes auszugleichen.

Regionalwährungen sind komplementäre Währungen, die nur regional gültig und auf die Probleme und Bedürfnisse der Region zugeschnitten sind. Sie sollen die Regionen wirtschaftlich stärken und Geld, Wohlstand, Arbeitsplätze und Firmen in der Region halten. Ein Netzwerk von Regionalwährungen kann als Gegenpol zur Globalisierung wirken.

Ergebnis ihrer Forschungen ist, dass es in Europa über Jahrhunderte neben den (inter-)nationalen auch **zahllose lokal gültige Währungen** gab, die eine wesentlich größere Rolle spielten, als man annimmt. Diese Zeiten der Vielfalt waren viel stabiler und von größerem Wohlstand geprägt als Zeiten eines Währungsmonopols (Nationalwährung).

Im **Gegensatz** zu Helmut Creutz sehen sie regionale Währungen parallel zum Euro als Weg, die Probleme des Geldsystems zu lösen. Ferner resultiert die Zinsfreiheit nicht primär aus der Umlaufsicherung, sondern aus der Fähigkeit der regionalen **Geldschöpfung** - Wer Geld schaffen kann, muss sich keines leihen...

Komplementären und regionalen Währungen ist der gesamte **Teil IV dieses Buches** gewidmet, da sie derzeit die einzige real und legal umsetzbare Möglichkeit sind, einen Wandel unseres Geldsystems und einen Bewusstseinswechsel in der Bevölkerung einzuleiten.

Regionale Geldschöpfung – Es werde Geld...

Prof. Bernard A. Lietaer (*1942) **Prof. Dr. Margrit Kennedy (*1939)**

Grundidee/Ziele:
» Netzwerk regionaler zinsfreier Währungen parallel zum Euro
» auf Probleme und Bedürfnisse jeder Region zugeschnitten
» Wiedererlangung der Wert-/Geldschöpfung in den Regionen

Stabilität durch Vielfalt:
» Regiogelder (euro-/leistungsgedeckte Gutscheinsysteme)
» Bartersysteme (WIR, LETS, Tauschringe etc.)
» soziale Zeittauschsysteme (Time Banks, Time Dollars etc.)
» zinsfreie Banksysteme (JAK-Mitgliedsbank)

Vorteile von Regiogeld:
» Schutz der kulturellen Identität
» regionale Vermarktung von Lebensmitteln
» Region als Wirtschaftsraum stärken
» Verkürzung der Transportwege
» Risiken der Finanzmärkte und Wirtschaftskrisen dämpfen
» ungenutzte Ressourcen mit Bedürfnissen zusammenbringen
» kein Geldabfluss in Niedriglohnländer und Steuerparadiese
» Arbeitsplätze und Firmen in der Region erhalten

„Von komplementären Währungen spricht man, wenn eine Gruppe von Menschen oder Unternehmen eine neue Währung als Tauschmittel akzeptieren. Es geht nicht darum die Landeswährung zu ersetzen, sondern um soziale Funktionen zu ergänzen, die die offizielle Währung nicht unterstützt."
Prof. Bernard Lietaer, internationaler Finanzexperte

Geldökologie (Ecology of Money)

Prof. Richard Douthwaite (geb. 1941 in England), Ökonom, Journalist und Unternehmer, hat sich auf Wirtschafts-, Finanz- und Umweltfragen spezialisiert. Er war Berater einer EU-finanzierten Gemeinschaftswährung *(www.barataria.org)* und gründete FEASTA „Foundation for the Economics of Sustainability" *(www.feasta.org)* mit dem Ziel, Merkmale zu erarbeiten, die ein nachhaltiges Wirtschaftssystem benötigt.

Die These seiner **Geldökologie** („Ecology of Money" 1999) ist, dass Geld verschiedene Funktionen (Tauschmittel, Wertmaßstab, Wertspeicherung) erfüllt, die sich in die Quere kommen. Es gibt nicht DAS beste Geld und eine einzige Lösung. Um diese Funktionen wirksam erfüllen zu können, seien vier verschiedene Währungstypen nötig:

» **Eine internationale Währung** (wie der Bancor), die an ein Gut gebunden sein sollte. Er schlägt eine über Emissionsrechte (SER Spezial Emission Rights) an den CO_2-Ausstoß gebundene Währung vor (EBCU Emission Based Currency). Der maximale Gesamtausstoß soll international ausgehandelt, und 45% davon den Ländern nach der Bewohnerzahl zugeteilt werden (als Grundeinkommen). Die restlichen 55% können von Regierung und Industrie ersteigert werden. Erwartete Vorteile: gerechtere Verteilung der Ressourcen, größere Sparsamkeit, Ende der Vorteile für die Leitwährung (US$).

» **Nationale Währungen**, die an die internationale Währung gebunden wären und nur für Handelszwecke verwendet würden. Sie sollten kein „Bankengeld" (Kreditgeld mit Zins) sondern „Vollgeld" sein (vom Staat herausgegeben, eventuell umlaufgesichert).

» **Lokale oder regionale Währungen** würden eine wichtige Rolle spielen, weil sie einem lokalen Mangel an nationaler Währung abhelfen, die Regionen unab-hängiger machen und stärken würden.

» **Spezielle Währungen für Sparzwecke** als eine Möglichkeit der Werterhaltung, die sich relativ leicht verflüssigen lässt. Um zu vermeiden, dass das Sparen der Wirtschaft Geld entzieht, sollten diese Anlagen eher in Form sicherer Kapitalanlagen erfolgen als in Geld.

Ferner muss Geld ein **neutrales Mittel** sein, das allen gleich nutzt. Es darf nicht im Dienst profitorientierter Organisationen stehen. Vier Währungen würden die **Geldflüsse besser ausgleichen** und die Armen nicht ihrer Ressourcen berauben. Die Nationen könnten eine sozial- und umweltgerechte Geldpolitik verfolgen ohne den Außenhandel zu stören. Die Macht internationaler Investoren würde stark reduziert. Die lokale Wirtschaft könnte sich geschützt durch die Membranen der Geld-Zellen nachhaltig entwickeln (Martin Herzog 2001).

Ein vielschichtiges Gesamtkonzept

Prof. Richard Douthwaite (*1941)   **FEASTA (*1998)**

Grundidee:
Geld muss mehrere Funktionen auf mehreren Ebenen erfüllen:
» Tauschmittel, Wertmassstab, Wertspeicherung
» lokal, national, global

Daher sind 4 verschiedene Typen von Währungen nötig:
» eine internationale Währung (EBCU oder Bancor)
» nationale Währung (umlaufgesichertes Vollgeld)
» viele lokale Währungen (WIR, LETS, Time Dollar etc.)
» Spargeld (sichere Kapitalanlage)

Ziele:
» Geldflüsse besser ausgeglichen
» neutrales Geld, das allen gleich nutzt
» größere Sparsamkeit, Ende der Vorteile des US$
» Grundeinkommen, gerechtere Ressourcenverteilung
» Arme würden nicht ihrer Ressourcen beraubt
» sozial- und umweltgerechte nationale Geldpolitik
» Macht internationaler Investoren stark reduziert
» Nachhaltige Entwicklung der lokalen Wirtschaft
   (durch Membranen der Geld-Zellen geschützt)

Beurteilung:
» sehr positiver Ansatz
» Kombination verschiedener Lösungsansätze

„Wenn Bewohner einer Region Handelsgeschäfte untereinander nur mit Hilfe eines Zahlungsmittels tätigen können, das von Menschen außerhalb dieser Region ausgegeben wird, wird ihre wirtschaftliche Lage immer von Ereignissen abhängig sein, die sie nicht beeinflussen können. Daher ist der erste Schritt einer Gemeinde, die ihre wirtschaftliche Unabhängigkeit erweitern will, die Einführung eines eigenen lokalen Zahlungsmittels, das neben der nationalen Währung verwendet werden kann."
Richard Douthwaite & Hans Diefenbacher 1998 (Jenseits der Globalisierung)

Teil III: Die Vergangenheit „Neuen Geldes"

Teil III
Die Vergangenheit „Neuen Geldes"
Blüten und Blütezeiten

Das Geldsystem, wie wir es heute kennen, ist erst ein paar Jahrhunderte alt. Anfangs gab es nur **Münzgeld aus Edelmetallen**, deren Wert durch das Material bestimmt war. Später begann man, den Wert der Münzen höher festzulegen als den Materialwert und konnte damit mehr Geld schöpfen als an Edelmetallen zur Verfügung stand. Durch die Prägung von Münzen aus **minderwertigen Metallen** löste man sich immer mehr vom Materialwert. Die antiken Geldwechsler saßen übrigens meist auf Bänken in Tempeln, daher das Wort „Bank".

Schließlich entwickelte sich **Papiergeld**, das anfangs nur eine Bestätigung war, dass man „echtes" Geld verliehen hatte. Heute wird Papier als Geld betrachtet. Seinen Wert erlangte es durch **Golddeckung**, doch auch diese hat man aufgegeben. Heute sollte es durch Wirtschaftsleistung gedeckt sein. Doch da die Geldmenge viel rascher wächst als die Wirtschaft, ist Geld (vor allem der US$) heute wirklich wertlos - man spricht von **Fiat-Geld** (lateinisch fiat - es werde). Da die meisten Währungen der Welt mit US$ gedeckt sind, sind sie ebenfalls wertlos.

In der Geschichte des Geldes gab es immer wieder Phasen extremer Aufblähung der Geldmenge (**Inflation**), die vielen Staaten und Völkern zum Verhängnis wurde. Selbst in den letzten 25 Jahren sind laut Weltbank die Währungen von 87 Ländern zusammengebrochen.

Phasen **dualer Währungssysteme** (wertloses Geld für regionalen und Gold- oder Silbergeld für Fernhandel) waren meist florierend und stabil. Epochen **zinsfreien Geldes** entwickelten jedoch kulturelle Hochblüten, die sie aus der Geschichte der Länder heraushob. Auch Zeiten **kontrollierter Geldschöpfung**, die dem Staat oder allen Bürgern zugute kam, waren von außergewöhnlichem Wohlstand geprägt.

Blüten und Blütezeiten

» Die Geschichte zinsfreien Geldes
  Erfolgsgeschichten, Inflation und Verbote   64
» Blütezeit Gotik (Europa ca. 1150-1450)
  „Glücklichste Zeit der Menschheitsgeschichte"   66
» Neuengland und das Mirakel von Guernsey
  Wohlstand durch kontrollierte Geldschöpfung   68
» Das Wunder von Wörgl (Tirol 1932-1933)
  Arbeitsbestätigungsscheine (Schwundgeld)   70
» Historische Zeittausch-/Verrechnungssysteme
  „Die Nachbarschaft" in Bali und Kerbhölzer in Europa   72

Ein Ausflug in die Geschichte des Geldes: „Münzgeld wurde vom türkischen Straßenräuber Krösus (595-547 v.Chr.) als ‚gesetzliches Zahlungsmittel' erfunden. Er begann seine Karriere mit dem Überfall auf Karawanen und wurde schließlich König der Provinz Lydien. Er ließ Metall durch Prägen in Münzen umformen, deren ‚Wert' er nach eigenem Ermessen auf das Vielfache festlegte. Diese Methode hat sich bis zum heutigen Tage im Finanzwesen erhalten. Auf diese Weise wurde Krösus zum reichsten Mann der Antike... Damit sein System des ‚gesetzlichen Zahlungsmittels' Gewinne abwarf, musste er seine Bande ehemaliger Straßenräuber in Zöllner, Steuereintreiber, Rechtsanwälte und Gerichtsvollzieher umfunktionieren."
Albrecht O. Pfeiffer (Anhalt Dessau AG)

Historische und neue Krösus-Goldmünzen

Die Geschichte zinsfreien Geldes

In Ägypten ist seit 322 v.Chr. **Korngiro** belegt, ein Girosystem mit Korn als Verrechnungsbasis, das dem Niltal vermutlich seit Jahrhunderten Wohlstand und Frieden gebrachte hatte. Die Bauern konnten ihr Korn an staatliche Lagerhäuser zur Aufbewahrung geben, erhielten dafür Gutschriften und mussten Lagergebühren zahlen (Negativzins). Per Überweisungsauftrag und Anweisungsscheck konnte man Steuern, Pacht und Güter bezahlen (Hugo Godschalk). Das unverzinste Korngiro hielt sich bis ins 4. Jhdt. parallel zu römischen Privatbanken.

China nutzte 2000 Jahre lang (bis 1889) **Käsch**, Kupfermünzen mit Loch, deren Wert allein auf Vertrauen beruhte. Für den Außenhandel wurden Silberbarren verwendet. Mit dem dualen Währungssystem war China 1200-1800 die größte Wirtschaftsmacht der Welt. In China wurde auch das Papiergeld erfunden. Marco Polo brachte es nach Europa. In der **Ming-Zeit** 1367-1644 gab es umlaufgesichertes Käsch-Papiergeld aus präparierter Maulbeerbaum-Rinde. In eine Geldbörse hätten die ersten Geldscheine der Welt nicht gepasst (Größe einer A4-Seite). Später wurde zuviel Geld gedruckt und eine Inflation ausgelöst.

Maria-Theresia ließ 1762 von der Wiener-Stadt-Banco **Banco-Zettel** für Silbergeld verkaufen, mit denen man bis zu 33% seiner Steuern und Abgaben zahlen konnte. Es waren beliebte zinsfreie Anleihen, die als umlaufendes Geld dienten. Mit den eingenommenen Silbermünzen wurde der Siebenjährige Krieg finanziert. Ab 1800 wurden aber zu viele Banco ausgegeben und von Napoleon gefälscht. Dies führte 1811 zum Staatsbankrott und Abwertung um 80% (Gerhard Margreiter).

Bethel-Mark/Euro gibt es seit 1908 für die heute 20.000 Mitarbeiter und Betreute der Bodelschwingh'schen Anstalten im Stadtteil Bethel (Bielefeld). Man erhält 105 Bethel für 100 Euro und kann diese in den vielen Anstaltsbetrieben nutzen. 1/2 Mio. Euro wurden von der Sparkasse in Umlauf gebracht. Etwa 15% des Umsatzes in Bethel werden damit getätigt.

Schwanenkirchen setzte 1929 sehr erfolgreich umlaufgesicherte **Wära** ein, deren Wert einem Kilo Braunkohle entsprach. Ein stillgelegtes Kohlebergwerk wurde wiedereröffnet, wo viele Arbeit fanden. Bald beteiligten sich die örtlichen Betriebe, Ulm, Erfurt und andere Gemeinden. Die deutsche Reichsbank beendete die Tauschgemeinschaft 1932 mit einer Notverordnung. Auch in der **Schweiz** entstand 1929 eine Wära-Tauschgemeinschaft mit 230 Betrieben in 50 Orten. Als sich die Stadt Biel beteiligen wollte, stoppte die Nationalbank 1932 das Projekt.

In Paris wurde 1934 eine Tauschgemeinschaft gegründet, die **Valors** Tauschbons ausgab, aber 1935 verboten wurde. Dasselbe Schicksal erlitten damals hunderte Initiativen in den USA und Australien.

Erfolgsgeschichten, Inflation und Verbote

Korngiro (Ägypten belegt seit 322 v.Chr.):
- » kulturelle Hochblüte
- » Korn als Verrechnungsbasis
- » staatl. Lagerhäuser (Kornbanken)
- » Quittungen für Korn
- » Lagergebühr (Negativzins)
- » Korn-Überweisungen und Schecks

Käsch (China ca. 1200-1800 n.Chr.):
- » duales Währungssystem
- » wertlose Kupfermünzen parallel zu Silberbarren (Außenhandel)
- » größte Wirtschaftsmacht der Welt

Ming-Zeit (China 1367-1644 n.Chr.):
- » kulturelle Hochblüte
- » umlaufgesichertes Papiergeld (hier 1 Guan = 1000 Käsch, älteste Banknote der Welt 22 x 34 cm groß)

Wiener Stadt-Banco-Zettel (1762-1811):
- » Maria Theresia
- » erstes Papiergeld Österreichs
- » zinsfreie Anleihen als Geld
- » zur Bezahlung von Steuern/Abgaben
- » Finanzierung des 7-jährigen Krieges

Bethel-Mark/Euro (Deutschland seit 1908):
- » Bethel-Anstalten in Bielefeld (20.000 Mitarbeiter)
- » 105 Bethel für 100 Euro
- » ca. 15% des Umsatzes in Bethel

Wära-Tauschgemeinschaft (1929-1932):
- » Schwanenkirchen, Ulm, Erfurt
- » 1 kg Braunkohle als Wertbasis
- » Schweiz: 230 Betriebe in 50 Orten
- » sehr erfolgreich, aber verboten

Valors Tauschbons (Paris 1934-1935):
- » „Mutuelle national d'échange"
- » vom Innenminister verboten

„Im Korngiro musste der Kontoinhaber eine Lagergebühr für die Speicherung, die Verwaltung, das Trocknen und so weiter bezahlen. Die Gebühr richtete sich nach der Quantität und der Lagerungszeit und bezog sich auf das Giroguthaben. Es handelt sich hier also um eine Art negativer Verzinsung der Guthaben."
Hugo Godschalk, dt. Ökonom

Blütezeit Gotik (Europa ca. 1150-1450)

„Im Mittelalter hatten die Menschen mehr Freizeit als heute. Im Schnitt hatte jedes Jahr 115 arbeitsfreie Tage." **Süddeutsche Zeitung, 6.4.1999**

Eine weitere zinsfreie Epoche war die Gotik (ca. 1150-1450), in der in Europa eine bunte **Vielfalt von Währungen** herrschte, die nur lokal und kurzfristig gültig waren (Brakteaten, Hohlpfennige...). Sie wurden im Schnitt mehr als einmal im Jahr „verrufen", d.h. ungültig und mussten unter Verlust gegen neue eingetauscht werden. Für den Fernhandel wurden Silberbarren und Goldmünzen verwendet. Das Netzwerk war extrem stabil und produktiv, trotz geringer Bevölkerung (ca. 1/10 von heute), Pestepidemien und geringem technischen Fortschritt. **Handwerker** waren so gut bezahlt, dass sie nur 5-6 h pro Tag und 4 Tage pro Woche arbeiteten („Blauer Montag"). Teils waren über 150 Tage im Jahr arbeitsfrei. Selbst der Lohn ungelernter Taglöhner betrug umgerechnet etwa 1.000 Euro im Monat. Nach einer Studie an der **Harvard-Universität** kann diese Zeit zu den glücklichsten der Menschheitsgeschichte gezählt werden (Hermann Benjes).

Nie in der Geschichte Europas wurden so viele **Städte** gegründet und so große und prachtvolle Kathedralen gebaut. Allein in Mitteleuropa entstanden ca. 3.000 Dörfer und Städte, die teils alles bisher Dagewesene an Schönheit und Pracht übertrafen. Der **Wohlstand** war relativ gleichmäßig verteilt. Bürger und Landbevölkerung waren so wohlhabend wie in kaum einer anderen Zeit. Überliefert sind prachtvolle Kleidung (die die Adeligen immer wieder erfolglos verboten), Tage dauernde Bauernhochzeiten, verschwenderische Verwendung exotischer Gewürze und üppige Mahlzeiten. Nach Berichten bekam man in fast jeder Gaststätte Deutschlands aus Silbertellern zu essen.

Da man diese Münzen nicht horten konnte, gibt es kaum **Schatzfunde**. Einen der größten Funde machte man 1997 beim Fuchsenhof nahe Freistadt in Oberösterreich (6.000 Silbermünzen von ca. 1270). Einen Einblick ins **Wien dieser Zeit** geben uns Kardinal Silvio de Piccolomini (Papst Pius II.) und der italienische Historiker Antonio Bonfini, die vom Wohlstand Wiens um 1440 schwärmten (siehe Zitat rechts).

Die Blütezeit begann und endete mit den zinsfreien Währungen (Hermann Benjes). Nach Einführung des Ewigen Pfennigs versank das Volk Europas in bittere Armut. Die Fugger wurden hingegen so reich, dass sich der Kaiser nicht nur Soldaten, sondern sogar Schmuck und Kleidung für Feste bei ihnen leihen musste.

„In Wien gab es in 150 Jahren fast ebenso viele verschiedene Wiener Pfennige." **Josef Kulischer, 1928**

„Glücklichste Zeit der Menschheitsgeschichte"

Gotik (Europa ca. 1150-1450):
» bunte Währungsvielfalt
» Münzverrufung 1x pro Jahr
» Silberbarren und römische Goldmünzen für Fernhandel
» ca. 20 h pro Woche Arbeitszeit
» Blauer Montag (arbeitsfrei)
» 90-150 arbeitsfreie Tage/Jahr
» Taglöhner ± 1.000 Euro/Monat
» besondere Hochblüte
» endete mit dem zinsfreien Geld

Schrötling, Brakteaten

Brakteaten
(Schatzfund Fuchsenhof Freistatt)

Wiener Pfennige

„Wie ein Palast liegt die eigentliche Stadt inmitten ihrer Vorstädte, deren mehrere an Schönheit und Größe mit ihr wetteifern. Jede Wohnung hat ihr Sehenswertes, ihr Denkwürdiges. Fast jedes Haus hat seinen Hinterhof und seinen Vorhof, weite Säle, aber auch gute Winterstuben. Die Gastzimmer sind gar schön getäfelt, herrlich eingerichtet und haben Öfen. In alle Fenster sind Gläser eingelassen, viele sehr schön bemalt, durch Eisenstäbe gegen Diebe geschützt. Unter der Erde sind weite Weinkeller und Gewölbe. Diese sind den Apotheken, Warenniederlagen, Kramläden und Mietwohnungen für Fremde und Einheimische gewidmet. In den Sälen und Sommerstuben hält man so viele Vögel, dass der, der durch die Straße geht, wohl wähnen möchte, er sei inmitten eines grünen, luftigen Waldes. Auf den Gassen und Marktplätzen wogt das lebendigste Treiben. Vor dem letzten Krieg wurden ohne Kinder und Jugend 50.000 Seelen und 7.000 Studenten gezählt. Ungeheuer ist der Zusammenfluss der Kaufleute, und so wird hier massenhaft viel Geld verdient ... Wiens ganzes Gebiet ist ein großer herrlicher Garten mit schönen Rebhügeln und Obstgärten bekrönt, mit den lieblichsten Landhäusern geschmückt."
Papst Pius II über Wien (um 1440)

Neuengland und das Mirakel von Guernsey

Ab etwa 1700 nutzten die 13 britischen Kolonien in Nordamerika (**Neuengland**) aus Geldnot heraus eigenes Papiergeld „**Colonial Scrip**" (Kolonialaktie), die einen erstaunlichen Wirtschaftsaufschwung bewirkten. Ein großer Befürworter war **Benjamin Franklin**:

„In den Kolonien geben wir unser eigenes Papiergeld heraus. Es wird ‚Colonial Scrip' genannt. Wir geben es in angemessener Menge heraus, damit die Waren leicht vom Produzenten zum Konsumenten übergehen. Indem wir auf diese Weise unser eigenes Papiergeld schöpfen, kontrollieren wir seine Kaufkraft und wir haben an niemanden Zinsen zu zahlen... Es gab Überfluss in den Kolonien, und Friede herrschte an allen Grenzen. Es war schwierig, ja sogar unmöglich, eine glücklichere und blühendere Nation auf der ganzen Erdoberfläche zu finden. In jedem Heim war Wohlstand vorherrschend. Im Allgemeinen hielt das Volk die höchsten moralischen Maßstäbe ein, und Bildung war weit verbreitet... Wir haben nicht eine einzige arbeitslose Person, weder Bettler noch Landstreicher."
Benjamin Franklin (1706-1790) um 1750

Franklin machte bei einer Rede vor dem britischen Parlament aber den Fehler, das eigene Papiergeld als Grund für diese Blüte zu nennen. Das Parlament erließ 1751 sofortige Gesetze um die Bezahlung von Steuern in Neuengland mit Papiergeld zu verbieten. Die Blütezeit fand ein abruptes Ende, als das Geld durch den brit. Curreny Act 1764 völlig verboten wurde. Not und Armut brachen über Neuengland herein. Dies war der wirkliche Auslöser für den Unabhängigkeitskrieg von 1775 (Benjamin Franklin). Wegen der Kriegsereignisse wurde später zuviel Papiergeld ausgegeben (Inflation), aber auch von Geldfälschungen durch England ist die Rede (Stephen Zarlenga).

Ein weiteres Beispiel für großen Wohlstand durch kontrollierte Geldschöpfung ist die englische Kanalinsel **Guernsey**: Die Armut war 1815 katastrophal, die Straßen kaum noch nutzbarer Morast. Durch Geldmangel war der Gemüseanbau zusammengebrochen und die Inselverwaltung bankrott. Da begann der Gouverneur **Daniel de Lisle Brock** eigenes Geld für Projekte zu drucken, die er danach wieder aus dem Verkehr zog: Markthalle 4.000 £, Straße 4.000 £, Schule 10.000 £ etc. In 10 Jahren hatte sich Guernsey durch Geldschöpfung in eine blühende Insel ohne Schulden verwandelt. Die Straßen galten als die besten in Europa. Das Mirakel von Guernsey wurde 1835 durch Londoner Banken beendet. Nach dem Tode des Gouverneurs geriet das Inselgeld in Vergessenheit (Hermann Benjes).

Wohlstand durch kontrollierte Geldschöpfung

Colonial Scrip (Neuengland 1700-1764):
» 13 brit. Kolonien in Nordamerika
» Benjamin Franklin (1706-1790)
» eigenes zinsfreies Geld
» erstaunliche Blütezeit
» Verbot 1765 brachte Armut und Not
» Grund für Unabhängigkeitskrieg 1775

Mirakel von Guernsey (1815-1835):
» eigenes kurzlebiges Geld
» jeweils für Bauprojekte ausgegeben
» in 10 Jahren blühende Insel
» 1835 durch brit. Banken beendet

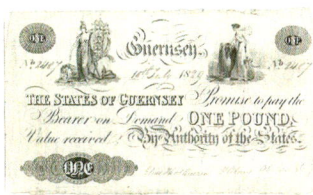

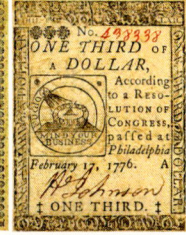

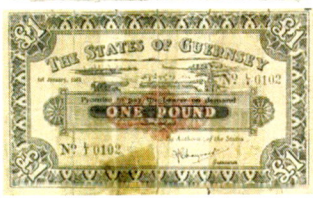

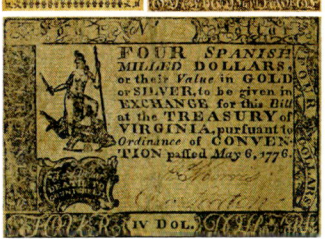

„In einer schlimmen Stunde nahm das britische Parlament Amerika sein repräsentatives Geld, verbot jegliche weitere Herausgabe von Geldscheinen, ließ diese Geldscheine aufhören, legales Geld zu sein, und verlangte, dass alle Steuern mit Münzen bezahlt werden sollten. Bedenken Sie jetzt die Konsequenzen: Diese Restriktion des Tauschmittels lähmte alle industriellen Energien des Volkes. Die einst blühenden Kolonien wurden ruiniert. Schlimmste Not suchte jede Familie und jedes Geschäft heim. Aus Unzufriedenheit wurde Verzweiflung, und diese erreichte den Punkt, an dem sich die menschliche Natur erhebt und ihre Rechte beansprucht."
John Twells, brit. Historiker

„Die Unterdrückung des Kolonialgeldes war ein viel wichtigerer Grund für den allgemeinen Aufstand als das Tee- und Stempelgesetz"
Peter Cooper, US-am. Industrieller 1883

Das Wunder von Wörgl (Tirol 1932-1933)

Umlaufgesichertes Geld wurde 1932 sehr erfolgreich von der **Gemeinde Wörgl in Tirol** eingesetzt. Weltwirtschaftskrise - der berüchtigte „Schwarze Freitag" bringt 1929 tausenden Menschen Arbeitslosigkeit, Armut und Not. Auch in Wörgl, dem kleinen Tiroler Ort schließen viele Betriebe. Bald erreicht die Arbeitslosigkeit über 30%. Der bei der Innsbrucker Sparkasse hoch verschuldete Ort ist nicht mehr in der Lage, die aufgelaufenen Zinsen (50.000 Schilling) zu bezahlen.

Auf Initiative des sozialistischen Bürgermeisters Michael Unterguggenberger (1884-1936) beschließt der Gemeinderat am 8.7.1932 einstimmig, „**Arbeitsbestätigungsscheine**" im Wert von 32.000 Schilling auszugeben. Diese können bei der Raiffeisenkasse gekauft werden und sind nach Silvio Gesell umlaufgesichert (Klebemarken von 1% pro Monat). Am 31.7.1932 werden die ersten Scheine ausgegeben. Innerhalb kurzer Zeit kommt Leben in den Ort: Durch den regen Umlauf fließen bereits nach 3 Tagen von den 1.600 ausgegebenen ÖS 5.100 an Steuern zurück. Viele zahlen ihre Steuern sogar im Voraus, um dem Wertverlust zu entgehen. Während sich die Gemeindefinanzen bis 1931 laufend verschlechterten, treten bereits nach 6 Monaten (Bilanz 1932-1933) **bemerkenswerte Verbesserungen** ein: Erhöhung der Einnahmen um 53,8%, Abbau des Ausgabenrückstandes um 61,2%, Zunahme der Investitionen um 219,7% (DDr. Silvio Unterguggenberger). So kann die Gemeinde zahlreiche **Bauaufträge** vergeben: Skischanze, Betonbrücke, Kanalisation, Notstandsküche, Parkanlagen, Straßenbeleuchtung und -asphaltierungen usw.

Im Schnitt sind 5.490 ÖS Arbeitswertscheine im Umlauf, die im Lauf des Experiments (13,5 Monate) ca. 416-mal den Besitzer wechseln und damit den Austausch von Waren und Dienstleistungen im Wert von über 2,5 Mio. Schilling ermöglichen (Fritz Schwarz). Dies würde heute einem Wert von ca. 5,6 Mio. Euro (77 Mio. Schilling) entsprechen. Die **Arbeitslosigkeit** geht absolut um 16% zurück, während sie in Österreich um 19% steigt (Thomas Wendel).

Das Experiment erregt **weltweites Aufsehen**. Der französische Ministerpräsident Daladier und Wirtschaftsprofessoren aus aller Welt reisen nach Tirol, um sich das „Wunder von Wörgl" anzusehen. Die Gemeinden Kirchbichl, Hopfgarten, Brixen und Westendorf beschließen mitzumachen. Ca. 200 österreichische Gemeinden (darunter Linz) wollen dem Erfolgsbeispiel folgen. Daraufhin wird es am 15.9.1933 von der Nationalbank **verboten**, und die Gutscheine gegen den Widerstand der Bevölkerung von der Gendarmerie beschlagnahmt. Arbeitslosigkeit und Not kehren schlagartig nach Wörgl zurück...

Arbeitsbestätigungsscheine (Schwundgeld)

Das Wunder von Wörgl (Tirol):
» Start am 31.7.1932
» Arbeitsbestätigungsscheine
» Klebemarken (1% je Monat)

Auswirkung nach 6 Monaten:
» Gemeindeeinnahmen +54%
» Investitionsausgaben +220%
» zahlreiche Bauprojekte

Auswirkung nach 13,5 Monaten:
» Arbeitslosigkeit -16% (absolut)
» 416x Durchlauf jedes Scheins
» ca. 5,6 Mio. Euro Umsatz

Ende des Experiments:
» Teilnahme von 4 Gemeinden
» ca. 200 Gemeinden (auch Linz) wollen dem Beispiel folgen
» Verbot durch Nationalbank
» Beschlagnahmung 15.9.1933
» Arbeitslosigkeit und Not kehren schlagartig nach Wörgl zurück...

Beurteilung:
» beweist die Umlaufsicherung
» aber nicht die Freiwirtschaft (Zinsniveau um Null)

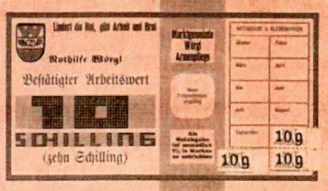

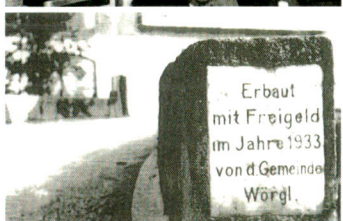

Michael Unterguggenberger   **Geldausgabe, Müllnertalbrücke**

„Da gibt es das sogenannte Experiment Wörgl. Das muß man nachlesen ... Das Experiment ist abgewürgt worden vom österreichischen Staat... Ich würde allen raten, sich mit der Wirtschaftslehre von Silvio Gesell zu befassen."
Luise Rinser (1911-2002), dt. Autorin 1985

Historische Zeittausch-/Verrechnungssysteme

Die **Banjar** ist die wichtigste zivile Organisation in Bali, die "Nachbarschaft", die seit über 1.000 Jahren existiert. Sie verfügt über einen basisdemokratischen Rat und die **Zeitwährung „nayahan banjar"** (je 3 Stunden „Arbeit für das Gemeinwohl"). Alle 35 Tage (balinesischer Monat) oder wenn Arbeit ansteht, versammelt man sich am "bale banjar". Dort werden Projekte vorgeschlagen, besprochen und Geld und Zeit festgelegt, die jede Familie zu leisten hat. Zeit wird höher geschätzt als Geld, da die gegenseitige Hilfe der Gemeinschaft mehr zu Gute kommt (Kennedy & Lietaer).

Wer es versäumt, den Beschlüssen nachzukommen, wird vom Rat geächtet und beim 3. Mal aus der Banjar **ausgeschlossen**. Die Balinesen sagen, dass man sich dann zum Sterben hinlegen könne, weil man keine "Zeit" und Unterstützung von der Gemeinschaft bekommt. Dank des **dualen Währungssystems** kann sich jeder an den religiösen und kulturellen Ereignissen beteiligen - die sozialen Unterschiede werden eingeebnet (wer wenig Geld hat, hat meist viel Zeit). Die enge Zusammenarbeit in der Gemeinschaft bewahrt die Kultur Balis angesichts der Touristenmassen vor dem Untergang (Kennedy & Lietaer).

In Europa nutzte man jahrtausendelang **Kerbhölzer** zur Verrechnung von (Gemeinschafts-)Arbeiten. Die Bauern in den Alpen (Tirol) regelten von der Römerzeit bis Ende des 19. Jhdt. mit Kerbhölzern die Instandsetzungsarbeiten für Gemeinschaftsflächen v.a. **Almen**. Bei der Dorfversammlung im Frühjahr wurden jedem Hof Arbeitsschichten zugeteilt und mit Kerben im Holz vermerkt. Entweder machte man 2 identische Stäbe, die mit Initialen oder Hofsymbolen versehen waren (siehe Foto), oder das Holz wurde längs gespalten. Einen Stab bekam der Dorfmeister, den anderen der Bauer. Diese "Buchhaltung" war fälschungssicher, da feststellbar war, ob die beiden Stöcke zusammengehörten oder einer manipuliert wurde. War die Arbeit erledigt, wurde die Kerbe aus den Stäben entfernt. Wer die Gemeinschaft schädigte, bekam Arbeit aufgebrummt. Die Redewendung **„etwas auf dem Kerbholz haben"** bringt heute noch Misstrauen zum Ausdruck (Veronika Spielbichler).

England hatte über Jahrhunderte ein zinsfreies Geldsystem mit Kerbstöcken (tallies). Die Bank von England akzeptierte diese 1696 bei der Gründung als Kapital und arbeitete bis 1826 damit. Berge von tallies wurden 1834 im Hof des Westminster Palace verbrannt, das von dem riesigen Feuer erfasst wurde und mit abbrannte (Wikipedia).

Die **Inkas** nutzten Knotenschnüre zur geldfreien Verrechnung (sogar im Dezimalsystem). **Knochen** wurden bereits 20.000 Jahre vor der Erfindung von Schrift und Zahl wie Kerbhölzer verwendet (Wikipedia).

„Die Nachbarschaft" in Bali und Kerbhölzer in Europa

Banjar „Die Nachbarschaft" (Bali):
- » seit über 1000 Jahren
- » wichtigste zivile Organisation
- » basisdemokratischer Rat
- » Zeitwährung „nayahan banjar" (Arbeit für das Gemeinwohl) je 3 h Gemeinschaftsarbeit
- » bei Versammlungen Geld- und Zeiteinsatz je Familie zugeteilt
- » Versäumnisse 3x verwarnt, dann Ausschluss aus Banjar

Kerbhölzer (Europa - Tirol):
- » über mehrere Jahrtausende
- » Verrechnung von (Gemeinschafts-)Arbeiten
- » Almwirtschaft in Tirol bis 19 Jh.
- » Dorfversammlung im Frühjahr: Zuteilung von Arbeitsschichten
- » fälschungssichere Buchhaltung: Kerben in 2 zugehörigen Hölzern
- » Arbeit erledigt - Kerben entfernt
- » schlecht erledigt - neue Kerben
- » *„etwas auf dem Kerbholz haben"*

Tallies (Kerbstöcke in England):
- » zinsfreies Geldsystem
- » Kapital in der Bank von England bis 1826 benutzt
- » 1834 Berge von tallies verbrannt Westminster Palace abgebrannt

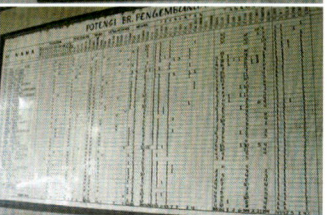

Versammlungsplatz (bale banjar) und Zeittafel

Raithölzer (Wörgler Heimatmuseum)

Tallies (Brit. Nationalarchiv)

Teil IV: Neues Geld in der Praxis

Teil IV
Neues Geld in der Praxis
Regionale Chancen in einer globalisierten Welt

Teil II zeigte, dass kaum reale Chancen bestehen, unser bestehendes globales oder nationales Finanzsystem zu verändern. Allerdings gibt es Ansätze, das bestehende Geldsystem zu belassen und um zahlreiche regionale Währungen zu ergänzen, die zur Bewusstseinsbildung in der Bevölkerung beitragen und im legalen Rahmen soziale (Nachbarschaftshilfe, Altersvorsorge) oder wirtschaftliche Funktionen erfüllen (Schaffung kooperativer Wirtschaftsnetzwerke, Erhöhung des regionalen Wohlstands, Geldschöpfung, Stärkung regionaler Unternehmen, Schaffung neuer Arbeitsplätze etc.).

Es gibt bereits eine bunte Vielzahl solcher regionaler Währungen, die einen Gegenpol zur Globalisierung schaffen können. Eine kleine, aber repräsentative Auswahl soll hier näher vorgestellt werden.

„Die bewusste Wahl der Währungsform, die wir untereinander verwenden wollen, könnte sich als das mächtigste Werkzeug für die Übergangsphase erweisen, die wir gerade durchlaufen."
Prof. Bernard A. Lietaer, internationaler Finanzexperte

„Das Geldsystem ist auf der ganzen Welt mit den gleichen Mechanismen und Bedingungen verbreitet - Zinssätze, Kauf und Verkauf, Spekulation, Aktien usw. Dieses System wird gern als unveränderliche Realität angesehen. Aber das ist es nicht. Es ist eine menschliche Erfindung, die gerade mal ein paar hundert Jahre alt ist. Man kann sich leicht eine andere Form des Geldsystems vorstellen, wo zum Beispiel jede Gemeinde ihr eigenes Geld hat, das auch nur in ihr gültig ist - eine lokale Währung."
Dennis L. Meadows, brit. Ökonom, Interview act Greenpeace Österreich

Regionale Chancen in einer globalisierten Welt

Komplementäre Gemeinschaftswährungen:
- » Explosionsartige Entwicklung in Japan und weltweit   76

A Regiogeld im deutschsprachigen Raum:
- » Regiogeld-Verband   78
- » Das Grundprinzip von Regiogeld   80
- » Vorzeigemodell Chiemgauer regional   82
- » Zwei Grundvarianten: Leistungs- oder Eurodeckung   84
- » Noch mehr Variationen beim Regiogeld   86
- » Waldviertler regional (Niederösterreich)   88
- » Tiroler Stunde (Münzen für Tirol)   90
- » Jugendprojekt iMotion (Wörgl Tirol)   92
- » VolmeTALER (Stadt Hagen)   94
- » UrstromTaler (Sachsen-Anhalt)   96
- » Sterntaler (Berchtesgadener Land)   98

B Tauschsysteme mit gegenseitiger Kreditvergabe:
- » LETS, Tauschkreise und Tauschringe   100
- » Talente-Tauschkreis Vorarlberg   102
- » Zeitvorsorge Vorarlberg, Zeittausch Schweiz   104
- » Weltgrößtes Pflegemodell Fureai Kippu (Japan)   106
- » Seniorengenossenschaften (Deutschland)   108
- » Sonstige Zeittauschsysteme in Österreich   110
- » Evolution von Zeitwährungen: Time Banks - Time Dollars   112
- » Bartersysteme - Tauschringe für Unternehmen: 114
  WIR-Ring (Schweiz), RES Euro (Belgien), Dessauer Modell   -120

C Sonstige Systeme:
- » City- und RegioCards: Altöttinger CityCARD, Weyhe-Stuhr-Syke-Card   122
- » Alternative Gemeinschaftsbanken: JAK-Mitgliedsbank (Schweden)   124
- » Regional- und Primärbanken kontra „Basel II"
  Kreditgenossenschaften und die Raiffeisen-Idee   126

Komplementäre Gemeinschaftswährungen

„Von komplementären Währungen spricht man, wenn eine Gruppe von Menschen oder Unternehmen eine neue Währung als Tauschmittel akzeptieren. Es geht nicht darum die Landeswährung zu ersetzen, sondern um soziale Funktionen zu ergänzen, die die offizielle Währung nicht unterstützt."
Prof. Bernard Lietaer, internationaler Finanzexperte

Fast jeder hat schon einmal mit komplementären, also „ergänzenden" Währungen zu tun gehabt: Gutscheine, Geschenkmünzen, Rabattkarten, Bonuspunkte, Flugmeilen etc. All dies sind Währungen, die einen Anspruch auf Waren oder Dienstleistungen darstellen.

Unter Komplementärwährungen werden üblicherweise **Gemeinschaftswährungen** verstanden (die gemeinschaftlichen Nutzen stiften). Ihre Zahl stieg von 1984 bis 2003 auf über 4.000 weltweit (Schätzung von Bernard Lietaer). Heute dürften es bereits über 5.000 sein. Die meisten haben weniger als hundert Mitglieder, einige aber zehntausende und eine in Japan sogar mehrere Millionen.

In **Japan** werden komplementäre Währungen seit Jahrzehnten vom Staat gefördert und genutzt, und von Universitäten wissenschaftlich betreut und untersucht. Es gibt Eco-money, WAT (auf einer Kilowattstunde Strom basierend), LOVE (Local Value Exchange), Graswurzel-, Altsvorsorge-, Pflegesysteme und viele mehr (über 700). Mit dazu beigetragen hat auch der deutsche Autor Michael Ende, der viele Jahre in Japan lebte, dort wesentlich beliebter war als bei uns und in den Medien immer wieder auf das Geldproblem hingewiesen hatte.

Grundsätzlich gibt es sektorale und regionale Währungen:
» **Sektorale Währungen** gelten nur in einem bestimmten Sektor der Gesellschaft. Eine Bildungswährung kann gezielt für Bildungsmaßnahmen verwendet und nicht für andere Zwecke missbraucht werden (z.B. Saber in Brasilien, der mit 1% Anteil an Mobilfunkrechnungen jährlich 1 Mio. US$ für Bildungszwecke erzeugt).
» **Regionale Währungen** gelten nur in einer räumlich begrenzten Region - alles zwischen einem Ort (lokal) und dem Staat (national) - zweckmäßig ein Landkreis oder ein Bundesland.

In der Folge werden wir uns nur regionale Währungen ansehen: zuerst Gutscheinsysteme im deutschsprachigen Raum (Abschnitt A), dann Tauschsysteme für Privatpersonen, kleine und mittlere Unternehmen sowie kombinierte Systeme (Abschnitt B), zuletzt noch Rabattkarten und alternative Banksysteme (Abschnitt C).

Explosionsartige Entwicklung in Japan und weltweit

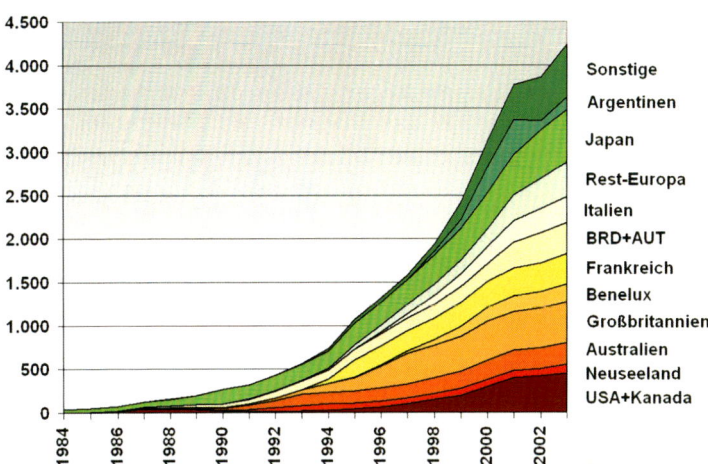

Anzahl komplementärer Gemeinschaftswährungen (1984-2003)

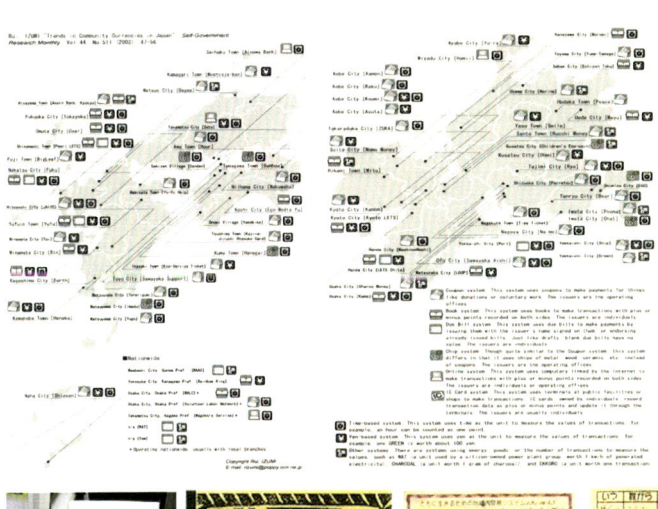

Gemeinschaftswährungen in Japan (2002)
Quelle: Bernard Lietaer

A Regiogeld im deutschsprachigen Raum

Abschnitt A stellt Regiogeld im deutschsprachigen Raum vor. Die Idee des regionalen Geldes entstand in Deutschland und Österreich (Ulm, Wörgl) in der Weltwirtschaftskrise um 1930. Die Neuauflage der Idee reimportierte Margrit Kennedy aus **Australien** nach Europa. Dort sollen durch ein Regiogeld in einem Ort nach 8 Jahren sogar die meisten Discounter von den lokalen Händlern verdrängt worden sein, da ihre Umsätze zu stark gesunken waren!

Die Entwicklung der Regiogelder im deutschsprachigen Raum schreitet aufgrund der Initiativen von Margrit Kennedy und der Gründung des **Regiogeld-Verbandes** seit 2002 sozusagen „exponentiell" voran. Es sind derzeit 28 Regiogelder im Verband aktiv, 32 sind in Vorbereitung. Insgesamt gibt es in Deutschland ca. 52 aktive Regiogeld-Initiativen. In Österreich wurde 2005 in Kooperation mit der Arbeiterkammer und dem Arbeitsmarktservice der Waldviertler eingeführt.

Regiogelder sind einfache **Waren- und Wertgutscheine**, die wie Geldscheine zirkulieren können. Sie können meist nur mit Verlust in Euro umgetauscht werden (Rücktauschgebühr) und sind umlaufgesichert (siehe nächste Doppelseite). Der Vorteil liegt in der einfachen Verwaltung, der leichten Handhabbarkeit und Verständlichkeit.

Die Wertestandards und Qualitätskriterien des Verbandes sind:

» **Ein Gewinn für die Gemeinschaft:** Vorteile für die beteiligten Verbraucher, Vereine, Kommunen und Anbieter (Win-Win-Strategie) und eine nachhaltige Regionalentwicklung.
» **Kreisläufe bilden:** regionale Kreisläufe zur Innovationsentwicklung und Deckung des Grundbedarfs sowie Erhöhung der regionalen Wertschöpfung.
» **Neutralität im Austausch:** Guthabenzins durch einen Umlaufimpuls oder eine Ablauffrist auf ein verteilungsneutrales Maß senken.
» **Transparent für die Nutzenden:** Regeln allgemein verständlich erklärt, die wichtigsten finanziellen Daten veröffentlicht.
» **Demokratisch:** Entscheidungen in demokratischen Verfahren und Mitbestimmung der NutzerInnen.
» **Professionell umgesetzt:** auf Basis theoretisch und praktisch fundierter Konzepte, gesundes Verhältnis von Aufwand und Ertrag.
» **Eigenständig finanziert und gemeinwohlorientiert:** auf Dauer Selbst finanzierung der Initiative, Überschüsse werden für das Allgemeinwohl in der Region eingesetzt.
» **Zusammenarbeit:** Die Initiativen verpflichten sich zu Kooperation.

Regiogeld-Verband

Regiogeld in Deutschland 2007:
» ca. 52 aktive Initiativen

Regiogeld-Verband 2007:
» 28 aktive Regiogelder
» 32 in Vorbereitung
» Internet: *www.regiogeld.de*

Definition von Regiogeld:
» Gutscheine
» können zirkulieren
» meist umlaufgesichert
» Rücktauschgebühr

Vorteile von Regiogeld:
» leicht verwaltbar
» leicht handhabbar
» leicht verständlich

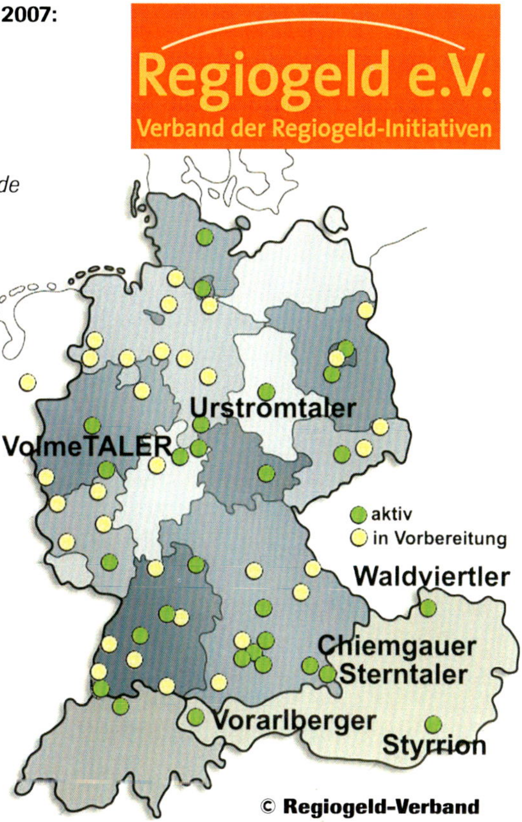

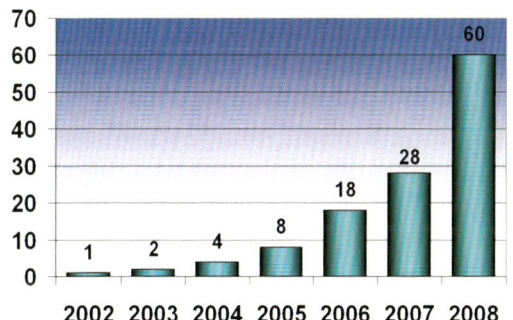

Anzahl der Regiogelder im Regiogeld-Verband (2002–2008)

A Das Grundprinzip von Regiogeld

Das **Grundprinzip** von Regiogeld soll am Beispiel des „Chiemgauer" erläutert werden. Dieses Modell wurde Vorbild für viele andere Regiogelder im deutschsprachigen Raum. Es handelt sich im Prinzip um normale Gutscheine, wie sie viele Firmen und Gemeinden herausgeben, mit einigen wesentlichen Unterschieden:

» An **Ausgabestellen** können Verbraucher Euro 1:1 gegen Gutscheine tauschen. Der Herausgeber der Gutscheine (Verein) erhält die Euro und hinterlegt sie auf der Bank. Der Wert jedes Regiogeldscheins ist mit Euro gedeckt (sog. **eurogedeckte Gutscheine**).

» Die Verbraucher können bei den teilnehmenden Unternehmen der Region mit den Gutscheinen **einkaufen**.

» Die Unternehmen sammeln diese jedoch nicht ein, sondern geben sie an andere weiter - die Gutscheine **zirkulieren** in der Region. Dadurch bilden die Unternehmen ein regionales Netzwerk.

» Durch eine Gebühr (**Umlaufimpuls**) wird erreicht, dass die Scheine nicht liegen bleiben, sondern rasch weitergegeben werden („Was rastet, das rostet"). Jedes Quartal muss der Schein durch Aufkleben einer Marke (meist 2% des Werts) aktiviert werden. Am Jahresende ist er ungültig, und man erhält einen neuen.

» Eine weitere Besonderheit ist die **Rücktauschgebühr** bzw. **Regionalabgabe**: Unternehmen können die Scheine dem Kreislauf entziehen und wieder in Euro umtauschen - aber mit Verlust von 5%.

» Der Herausgeber gibt diese Gebühr in Regiogeld **an gemeinnützige Vereine** weiter. Die 5% Euro werden zur Deckung dieser neuen Scheine benötigt - der Herausgeber macht daher keinen Gewinn.

Die Verbraucher haben zwei **Gründe zum Teilnehmen**:

» Von jedem Euro, den sie umtauschen (meist ein Abo von 100-200 Euro im Monat), erhält ein Verein ihrer Wahl einen Anteil von 3%.

» Durch ihre Einkäufe und die Zirkulation der Gutscheine fördern sie die regionalen Firmen, ihre eigenen Arbeitsplätze und ihre Region.

Die untere Abbildung zeigt, wie der Umlaufimpuls auf die **Umlaufgeschwindigkeit** wirkt (das ist die Anzahl wie oft jeder Schein pro Jahr weitergegeben, also zum Einkaufen benutzt wird). Im Gegensatz zum Euro, der immer langsamer umläuft (da sich das Geld in die Sphären der Spekulation zurückzieht), läuft der Chiemgauer mehr als **3-mal so schnell** um. Der Umlauf wird sich vermutlich um 25 pro Jahr einpendeln (Christian Gelleri). Dies bedeutet nicht, dass dadurch die Wirtschaft angeheizt wird, sondern dass viel weniger Geld nötig ist, um sie in Schwung zu halten. Eine Zurückhaltung des Geldes, die eine Deflation und Wirtschaftskrise auslösen könnte, wird verhindert.

Regiogeldkreislauf und Umlaufgeschwindigkeit

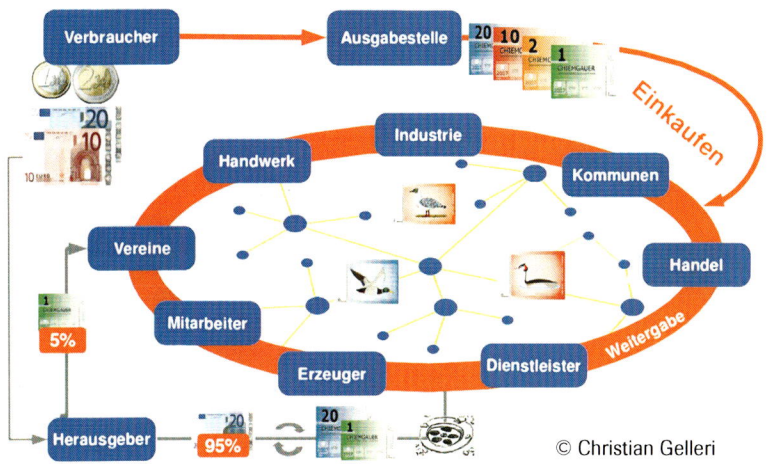

Regiogeldkreislauf
Ausgabestelle - Verbraucher - Unternehmen - Herausgeber - Vereine

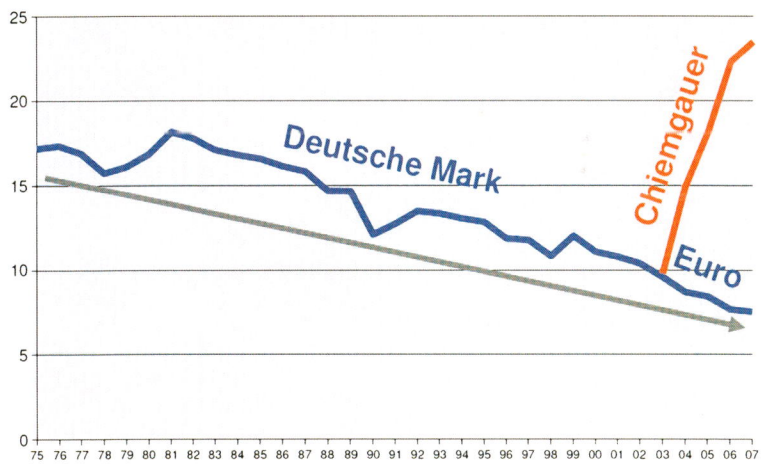

Umlaufgeschwindigkeit von D-Mark, Euro, Chiemgauer 1975-2007
Der Chiemgauer läuft 3-mal so schnell um als der Euro.   © Christian Gelleri

A Vorzeigemodell Chiemgauer regional

Der **Chiemgauer** geht auf Christian Gelleri und eine Schülerinitiative der Waldorfschule in Prien zurück (Start Jänner 2003) und ist in den Landkreisen Rosenheim und Traunstein (417.000 Einwohner) gültig.

Die **Mitgliederzahlen** haben sich bis 2005 jährlich verdoppelt und nehmen seitdem um ca. 66% pro Jahr zu. Obwohl die Summe der Chiemgauer im Umlauf nur langsam stieg, erfolgte dennoch eine fast jährliche Verdopplung der Firmenumsätze (höhere Umlaufgeschwindigkeit). Da die Rücktauschgebühr gering ist, wird jeder Chiemgauer im Laufe des Jahres mehrmals in Euro umgetauscht (ca. 17-mal), sodass die begünstigten Vereine 2007 ca. 26.000 Euro erhielten.

Die Verwaltung kostet den Firmen durchschnittlich weniger als 3 Euro im Monat (weniger als die Gebühr für ein Girokonto). Der **Kostenanteil** für Unternehmen bezogen auf den Chiemgauer-Umsatz sank deutlich von 4% in 2003, auf 2% in 2004 und 1,5% in 2005. Die Kosten für den Umlaufimpuls betragen pro Anbieter nur etwa 5-10 Euro pro Jahr. Der Mitgliedsbeitrag für Anbieter beträgt seit 2005 jährlich 100 Chiemgauer. Die ökonomischen Anreize für Firmen durch Gewinnung und Bindung von Kunden sowie Marketingleistungen sind **äußerst günstig**. In 3 Jahren sind weniger als 1% ausgestiegen. Die größten Umsatzsteigerungen haben Bioläden und Office-Center. Der maximale Anteil von Chiemgauern am Umsatz beträgt ca. 20%.

Seit 2 Jahren gibt es eine **Regiocard**, die den Umtausch der Chiemgauer erleichtert. Der Kunde gibt eine Einzugsermächtigung und wählt den Verein, der den Regionalbeitrag erhalten soll. In Wasserburg am Inn läuft bereits der **eChiemgauer**, also reine Kartenzahlung über Onlinekonten. Dies soll nun im Gesamtgebiet umgesetzt werden.

Bereits 2004 erzielten größere Vereine 4.800 Euro und die Gemeinden 5.600 Euro Einnahmen (bei Kosten von 300 Euro). 2007 erzielten gemeinnützige Vereine der Region über den Chiemgauer bereits über 25.000 Euro, 50% mehr wie 2006. Nach einer Schätzung von 2004 würde in 10 Jahren der Netto-Nutzen für Gemeinden etwa 84.000 Euro pro Jahr betragen und ca. **1.000 Arbeitsplätze** geschaffen werden (25 pro Gemeinde, ca. 1% zusätzliche Beschäftigung). Bei 150 Regionen in Deutschland und Investitionen von je 100.000 Euro, könnten in 10 Jahren 180.000 Arbeitsplätze entstehen (83 Euro pro Arbeitsplatz). Diese Zahlen gelten für die heutige Wirtschaftslage in einer relativ gesunden Region. In schwächeren Regionen oder bei wirtschaftlicher Rezession würde der Nutzen wesentlich höher sein (Christian Gelleri).

Regiogeldkreislauf und Umlaufgeschwindigkeit

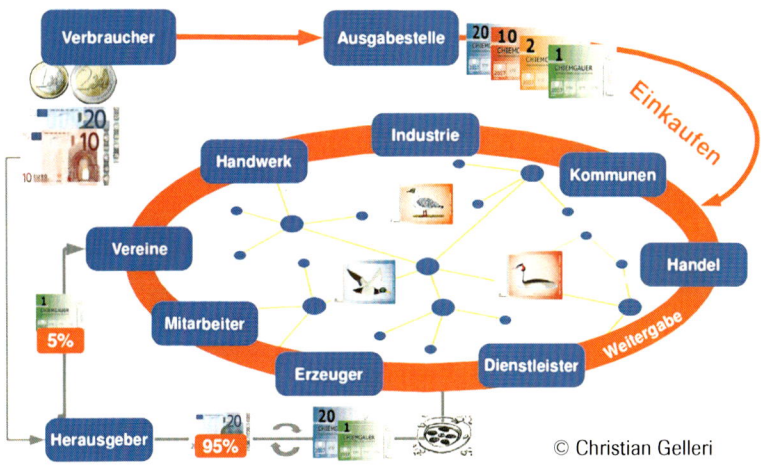

Regiogeldkreislauf
Ausgabestelle - Verbraucher - Unternehmen - Herausgeber - Vereine

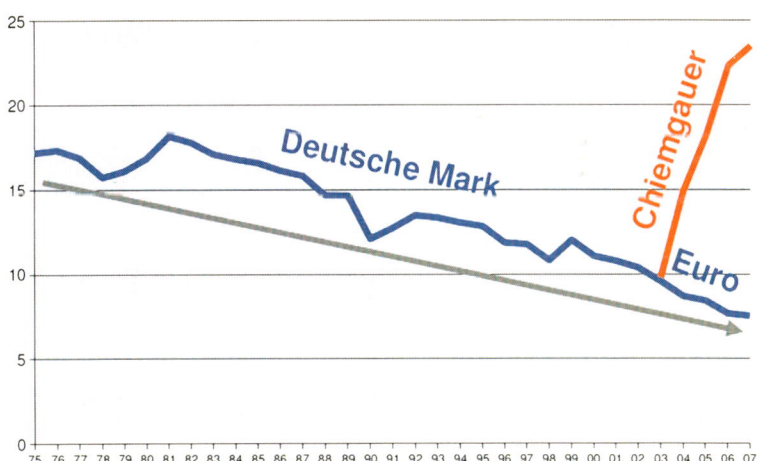

Umlaufgeschwindigkeit von D-Mark, Euro, Chiemgauer 1975-2007
Der Chiemgauer läuft 3-mal so schnell um als der Euro.   © Christian Gelleri

A Vorzeigemodell Chiemgauer regional

Der **Chiemgauer** geht auf Christian Gelleri und eine Schülerinitiative der Waldorfschule in Prien zurück (Start Jänner 2003) und ist in den Landkreisen Rosenheim und Traunstein (417.000 Einwohner) gültig.

Die **Mitgliederzahlen** haben sich bis 2005 jährlich verdoppelt und nehmen seitdem um ca. 66% pro Jahr zu. Obwohl die Summe der Chiemgauer im Umlauf nur langsam stieg, erfolgte dennoch eine fast jährliche Verdopplung der Firmenumsätze (höhere Umlaufgeschwindigkeit). Da die Rücktauschgebühr gering ist, wird jeder Chiemgauer im Laufe des Jahres mehrmals in Euro umgetauscht (ca. 17-mal), sodass die begünstigten Vereine 2007 ca. 26.000 Euro erhielten.

Die Verwaltung kostet den Firmen durchschnittlich weniger als 3 Euro im Monat (weniger als die Gebühr für ein Girokonto). Der **Kostenanteil** für Unternehmen bezogen auf den Chiemgauer-Umsatz sank deutlich von 4% in 2003, auf 2% in 2004 und 1,5% in 2005. Die Kosten für den Umlaufimpuls betragen pro Anbieter nur etwa 5-10 Euro pro Jahr. Der Mitgliedsbeitrag für Anbieter beträgt seit 2005 jährlich 100 Chiemgauer. Die ökonomischen Anreize für Firmen durch Gewinnung und Bindung von Kunden sowie Marketingleistungen sind **äußerst günstig**. In 3 Jahren sind weniger als 1% ausgestiegen. Die größten Umsatzsteigerungen haben Bioläden und Office-Center. Der maximale Anteil von Chiemgauern am Umsatz beträgt ca. 20%.

Seit 2 Jahren gibt es eine **Regiocard**, die den Umtausch der Chiemgauer erleichtert. Der Kunde gibt eine Einzugsermächtigung und wählt den Verein, der den Regionalbeitrag erhalten soll. In Wasserburg am Inn läuft bereits der **eChiemgauer**, also reine Kartenzahlung über Onlinekonten. Dies soll nun im Gesamtgebiet umgesetzt werden.

Bereits 2004 erzielten größere Vereine 4.800 Euro und die Gemeinden 5.600 Euro Einnahmen (bei Kosten von 300 Euro). 2007 erzielten gemeinnützige Vereine der Region über den Chiemgauer bereits über 25.000 Euro, 50% mehr wie 2006. Nach einer Schätzung von 2004 würde in 10 Jahren der Netto-Nutzen für Gemeinden etwa 84.000 Euro pro Jahr betragen und ca. **1.000 Arbeitsplätze** geschaffen werden (25 pro Gemeinde, ca. 1% zusätzliche Beschäftigung). Bei 150 Regionen in Deutschland und Investitionen von je 100.000 Euro, könnten in 10 Jahren 180.000 Arbeitsplätze entstehen (83 Euro pro Arbeitsplatz). Diese Zahlen gelten für die heutige Wirtschaftslage in einer relativ gesunden Region. In schwächeren Regionen oder bei wirtschaftlicher Rezession würde der Nutzen wesentlich höher sein (Christian Gelleri).

Chiemgauer Kennzahlen 2003-2007

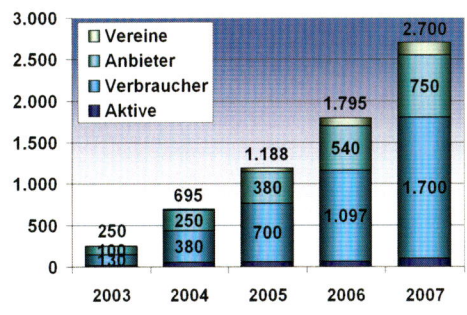

Anzahl der Mitglieder

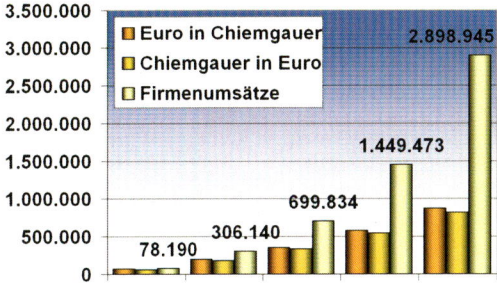

Umtausch Euro - C und Umsätze

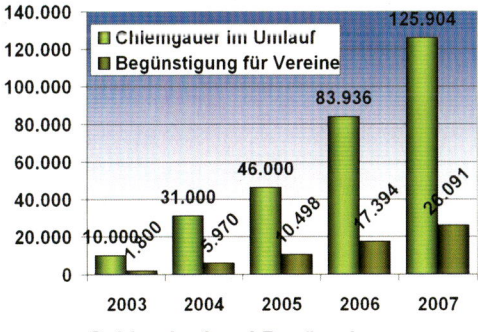

Geldumlauf und Begünstigungen

Quelle: Chiemgauer Jahresstatistik 2006

Wertmarke

A Grundvarianten: Leistungs- oder Eurodeckung

Es gibt zwei Grundvarianten von Regiogeld bei der **Deckung der Gutscheine**. Der Wert jedes Gutscheins muss gedeckt sein, also jederzeit durch Euro, Waren oder Dienstleistungen beglichen werden können.

» **Eurodeckung**: Diese Gutscheine können nur mit Euro gekauft werden. Die Euro werden als Sicherstellung bei der Bank hinterlegt. Der Vorteil ist die Rücktauschmöglichkeit in Euro für die Unternehmen und das Vertrauen der Kunden in das Geld.

» **Leistungsdeckung**: Die Teilnehmer (Firmen) müssen den Wert des Scheins (wie bei jedem Gutschein) mit Waren und Dienstleistungen abdecken. Die Gutscheine werden gegen Euro verkauft (oder verschenkt). Da das Geld nicht hinterlegt, sondern vom Herausgeber ausgegeben wird (z.B. Gemeinde Wörgl bei iMotion, beim Rheingold die Unternehmen), wird die regionale Kaufkraft verdoppelt. Um die Deckung zu gewährleisten, muss die Ausgabe der Scheine limitiert oder an die Leistungsfähigkeit der Firmen gebunden sein (Umsatz oder Anzahl der Angestellten). Das Vertrauen in die Gutscheine können nur die Firmen der Region herstellen, keine Institution (Karkuschke & Fischer).

Die Deckung wirkt sich auch auf die Schöpfung (Ausgabe) des Geldes und die **Vergabe von Rabatten** aus:

» **Eurodeckung**: Der Rabatt kann nur so hoch sein wie die Rücktauschgebühr. Diese kann vom Verein zur Finanzierung genutzt (Sterntaler), an die Verbraucher (z.B. 100 Regio für 95 Euro) oder an Vereine weitergegeben werden (Chiemgauer), die dann großes Interesse haben, dass all ihre Mitglieder Regiogeld nutzen...

» **Leistungsdeckung**: Der Rabatt kann beliebig sein (110 UrstromTaler für 100 Euro). Da die Gutscheine zirkulieren, müssen die Firmen diesen Rabatt nie gewähren (erhalten nie Euro dafür). Die Scheine müssen auch nicht verkauft werden. Sie können jährlich an alle Mitglieder verschenkt (Havelblüte, Ithaca Hours) oder durch Leistungen verdient und von einem Verrechnungskonto behoben werden (Vorarlberger Talentegutscheine - Erklärung siehe Tauschkreise).

Kombinierte Systeme, die teils euro-, teils leistungsgedeckt sind (UrstromTaler) oder unterschiedliche euro- und leistungsgedeckte Gutscheine verwenden (VolmeTALER, Vorarlberger Talente) sind am interessantesten, da sie mehrere Funktionen erfüllen können.

„Wir wollen die Kirche, das Rathaus und das Geld im Dorf lassen!"
Regiogeld-Initiative Kirschblüte

Deckung, Geldschöpfung und Rabatte

Eurodeckung der Gutscheine:
- » nur beim Verkauf gegen Euro
- » Hinterlegung der Euro bei Bank
- » Rücktauschmöglichkeit in Euro
- » erhöhtes Vertrauen der Kunden

Leistungsdeckung der Gutscheine:
- » Deckung durch Leistung der Teilnehmer (Firmen)
- » bei Verkauf werden die Euro nicht hinterlegt, sondern können ausgegeben werden (Rheingold)
- » Ausgabe muss limitiert werden (Leistungsfähigkeit der Firmen)
- » Vertrauen in die Teilnehmer (Firmen) ist entscheidend

Verwendung der Rücktauschgebühr:
- » keine Rabatte (Finanzierungsquelle des Vereins - Sterntaler)
- » Rabatt an die Kunden beim Kauf
- » Rabatt für Vereine (Chiemgauer)
- » max. in der Höhe der Rücktauschgebühr

Schöpfung (Ausgabe) des Geldes:
- » Verkauf gegen Euro
- » leistungsgedeckte Scheine beim Kauf als Rabatt (Bethel, VolmeTALER, UrstromTaler)
- » jährliche Ausgabe an alle Mitglieder (Havelblüten)
- » Schaffung durch Leistung (Sterntaler, UrstromTaler, Vorarlberger Talentegutschein)

Kombinierte Systeme:
- » Gutschein teils euro-, teils leistungsgedeckt (UrstromTaler)
- » 2 unterschiedliche Scheine (VolmeTALER GOGO, Vorarlberger Talente- und Nachhaltigkeitsgutschein)

A Noch mehr Variationen beim Regiogeld

Die **Gebühr für den Rücktausch** eurogedeckter Gutscheine in Euro steuert Rücktausch und Umlauf der Scheine. Sie wirkt wie eine Art Schutzzoll für die Region: regionale Produzenten werden bevorzugt, da Produkte von außen (die die Händler mit Euro kaufen müssen) mit der Rücktauschgebühr belastet sind. Die Gebühr beträgt meist 5%.

» **Höhere Gebühren** von 10% (Sterntaler) haben einen stärkeren Effekt und verhindern den Rücktausch in Euro weitgehend.

» **Geringere Gebühren** schützen die Region weniger und bewirken, dass die Scheine oft umgetauscht und dadurch in Summe mehr Regionalabgabe eingenommen wird. Auch Branchen, die Produkte von außerhalb verkaufen (z.B. Computer), können teilnehmen.

» **Ohne Rücktauschgebühr** (VolmeTALER) können auch Tankstellen, Supermärkte etc. mitmachen, was rasch viele Teilnehmer bringt. Die Scheine zirkulieren aber kaum, da sie sofort rückgetauscht werden. Damit können nur die regionalen Händler und Dienstleister, aber nicht die Produzenten gestärkt werden. Dies bietet sich in Stadtregionen an. Discountern sollte die Teilnahme verweigert werden.

Leistungsgedeckte Gutscheine können nicht in Euro umgetauscht werden. Die Firmen müssen sie weitergeben, können dies bei wenigen Mitgliedern aber nicht. Daher haben diese Systeme enorme Startprobleme und versagen oft (vor allem, wenn die Weitergabe durch Umlaufimpuls erzwungen wird). Leistungsgedeckte Scheine machen nur Sinn, wenn das System bereits sehr viele Mitglieder hat, sich also aus einem eurogedeckten oder Tauschsystem entwickelt (siehe später).

Meist sind die Scheine nur begrenzt gültig und müssen durch eine Klebemarke aktiviert werden (**Umlaufimpuls**). Dies trifft fast immer die Firmen, da die Scheine von den Verbrauchern rasch ausgegeben werden und dann unter den Firmen zirkulieren. Die Gebühr darf nicht zu hoch sein (1-3%), sonst würde die Annahme kurz vor Ende der Gültigkeit verweigert („Schwarzer Peter"). Durch eine häufige Behebung (4, 6, 12x jährlich) kann in Summe ein hoher Umlaufimpuls erzielt werden (üblich ist 4 mal 2%). Als Einnahmequelle ist dies vernachlässigbar (wenige hundert Euro pro Jahr). Ein Vorteil ist, dass die Marken als Kleingeld nutzbar sind. Nachteilig ist der Aufwand, der viele abschreckt. Die Lebensdauer der Scheine wird durch die Marken auf ein Jahr beschränkt (alle Klebefelder voll).

Ein **Inflationsausgleich** (regelmäßige Anpassung des Umrechnungskurses zum Euro) bewirkt dauerhafte Kaufkraftstabilität. Nachteil ist der höhere Umrechnungsaufwand (Justus). Für echte Zeitwährungen ist dies aber eine Grundvoraussetzung (siehe Vorarlberger Talente).

Rücktauschgebühr und Umlaufsicherung

Rücktauschgebühr (Regionalabgabe):
» steuert Rücktausch und Zirkulation
» „Schutzzoll" für die Region
   (bevorzugt regionale Produzenten)
» üblicherweise 5%
» höhere Gebühren verhindern
   den Rücktausch (10% bei Sterntaler)
» geringere Gebühren bewirken
   raschen Rücktausch, geringe Zirkulation
   und hohe Einnahmen
» 0% Gebühr bringt viele Teilnehmer,
   benachteiligt regionale Produzenten

Probleme leistungsgedeckter Scheine:
» nicht in Euro umtauschbar
   (müssen weitergegeben werden)
» daher enorme Startprobleme
   (zu wenig Mitglieder)
» nur sinnvoll bei bestehenden Systemen
   mit vielen Mitgliedern

Umlaufsicherung (Umlaufimpuls):
» Aufkleben von Marken
» max. 1-3% des Nennwerts
» üblicherweise 4 mal 2% pro Jahr (8%)
» häufige Behebung (6-12 x pro Jahr)
   erhöht den Umlaufimpuls
» als Einnahmequelle vernachlässigbar
» Klebemarken als Kleingeld nutzbar
» Zusatzaufwand macht Probleme
» beschränkt Lebensdauer auf 1 Jahr

Kaufkraftstabilität (Inflationsausgleich):
» keine 1:1 Bindung an den Euro
» Anpassung des Umrechnungskurses
» höherer Umrechnungsaufwand
» Voraussetzung für Zeitwährungen
» nur Justus und Vorarlberger Talente

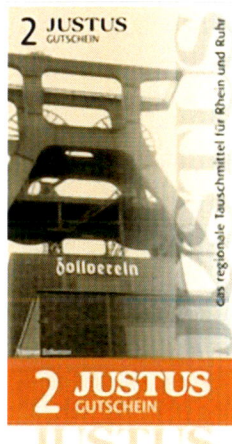

A Waldviertler regional (Niederösterreich)

Das Waldviertler Regiogeld (kurz W) wurde am 1. Mai 2005 von Heini Staudinger, Inhaber der Waldviertler Schuhwerkstatt und GEA eingeführt. Es arbeitet nach dem **Chiemgauer System** (2% Umlaufimpuls mit Quartalsmarken, 5% Rücktausch, davon 3% für Vereine). 2006 hatte das System ca. 200 Mitgliedsbetriebe und 28.000 W waren im Umlauf. Die Rückseite der Scheine zeigen Bilder regionaler Künstler. Aufgrund des persönlichen Einsatzes von Karl Immervoll von der Betriebsseelsorge Oberes Waldviertel in Heidenreichstein kommen die meisten Mitglieder aus Heidenreichstein und Umgebung.

Eine Besonderheit ist, dass Geschäftsleute die eingenommenen Waldviertler wieder an Kunden verkaufen und sich dadurch die Rücktauschgebühr sparen können. Innovativ ist das **Quartalsfest** am letzten Freitag vor Quartalsende, das Teilnehmern die Möglichkeit bietet, die ablaufenden Scheine auszugeben, sich kennen zu lernen und zu amüsieren. Freiwillige übernehmen den Ausschank. Die Einnahmen erhält der Verein. Wichtig sei es, bekannte Musiker zu finden.

Der Waldviertler erhielt über Rudo Grandits von der Arbeiterkammer Niederösterreich 2006 eine **Förderung** von 800.000 Euro (Bundesministerium für Wirtschaft und Arbeit, Arbeitsmarktservice, AKNÖ) für Infrastruktur und 5 Arbeitsplätze für 2,5 Jahre. Es wurde eine Kooperation zwischen dem Verein und der Arbeiterkammer geschlossen, und das Büro nach Waidhofen an der Thaya verlegt.

Leider bestanden von Anfang an **unterschiedliche Interessen**, die nicht miteinander kombinierbar waren. Dies führte letztlich zu einer Auflösung der Kooperation und dem Verlust der Fördermittel. Nun steht die Initiative wieder auf eigenen Beinen. Leider stagnieren derzeit die Mitgliederzahlen und es besteht die Gefahr, dass die Öffentlichkeit in Österreich zur Meinung kommt, Regiogeld würde nicht funktionieren.

Ein vielseitiges **Marketing** á la VolmeTALER wäre daher wünschenswert. Viele dieser Ideen wären leicht durchführbar und würden zugleich helfen, den Verein zu finanzieren. Ich möchte hiermit auch zur **Unterstützung** dieser wichtigen Initiative aufrufen - vor allem zur Mitarbeit oder Teilnahme der Menschen der Region!

Es sollte bedacht werden, dass **Interessenkonflikte** eine Gefahr für alle Initiativen darstellen. In England führten die Streitigkeiten beispielsweise so weit, dass sich von 200 Zeitbanken über 80 auflösten.

Ein Projekt mit Konflikten

Waldviertler regional (Niederösterreich):
» seit 1.5.2005
» Initiator: Heini Staudinger (Waldviertler Schuhwerkstatt, GEA)
» Internet: *www.waldviertler-regional.at*

Chiemgauer-Modell mit Abweichungen:
» Firmen dürfen W weiter verkaufen
» Quartalsfest bringt Einnahmen
» Rückseite: Bilder regionaler Künstler

Daten 2006:
» ca. 200 Mitgliedsbetriebe
» vorwiegend in Heidenreichstein
» 28.000 W im Umlauf

Fördermittel:
» 800.000 Euro (BMWA, AMS, AKNÖ)
» Kooperation mit Arbeiterkammer
» Büro in Waidhofen an der Thaya
» unterschiedliche Interessen
» Beendigung der Kooperation
» Verlust von Fördermitteln

Beurteilung:
» stagnierende Mitgliederzahlen
» Gefahr der Schädigung der Regiogeld-Idee in Österreich

Vorschläge:
» intensiveres Marketing
» Aufruf zur Mithilfe

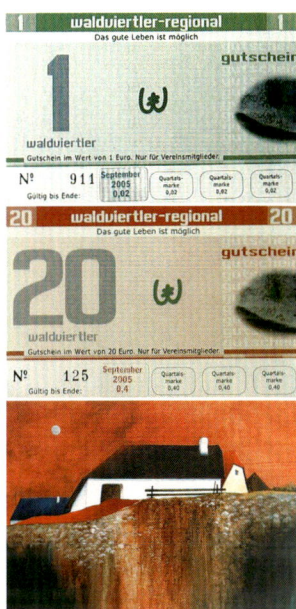
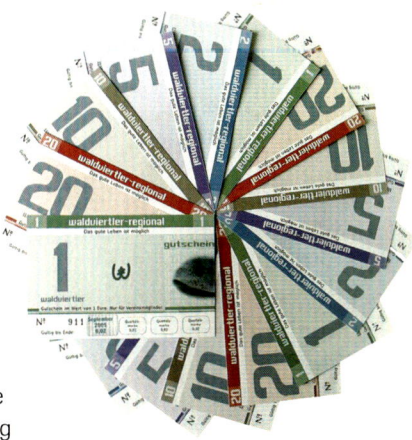
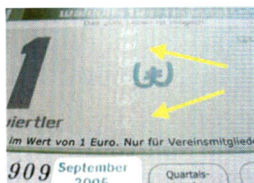

Sicherheitsmerkmale: schillernde Quartalsmarke und Reflexlackierung

A Tiroler Stunde (Münzen für Tirol)

Die **Tiroler Stunde** ist eine Regionalwährung für Tirol. Das Besondere sind das Medium Münze, die Maßeinheit Zeit und die Art der Schöpfung als Dank für Tätigkeiten für die Gemeinschaft. Jeder dieser 3 Punkte ist untypisch für Regiogeld in Europa.

Als Zahlungsmittel für die Tiroler Stunde werden Münzen verwendet. Die Stunden-Münzen aus Messing und die 15-Minuten-Münzen aus Kupfer werden in der **Münze Hall in Tirol** geprägt (in der der erste Taler der Welt geprägt wurde). Die ersten Stunden-Münzen wurden am 27.1.2006 an Mozarts 250. Geburtstag geprägt. Zur 40-Jahr-Feier des Hauses der Begegnung Innsbruck prägte Bischof Manfred Scheurer die erste Viertelstunden Münze (Fotos).

Als Maßeinheit wird eine **(Arbeits-)Stunde** verwendet. Zur ersten Orientierung wird diese mit 20 Euro bewertet. Damit ist in der Startphase eine einfache Umrechnung zwischen Euro-Preisen und Preisen in Tiroler Stunden möglich. Mittelfristig kann sich die Stunde als eigener Wertmaßstab ohne fixen Umrechnungskurs zum Euro entwickeln.

Die Tiroler Stunde wird als **Dank für Tätigkeiten für die Gemeinschaft** in Umlauf gebracht. Ein gemeinnütziger Verein kann damit z.B. seinen MitarbeiterInnen danken (dies ist jedem Verein überlassen, z.B. eine Münze am Jahresende, pro Monat oder für je 10 h Mitarbeit). Der Verein kauft die Münzen vom Trägerverein der Tiroler Stunde für 2 Euro pro Stunde (Prägekosten und kleiner Verwaltungsbeitrag). Diese Art der Geldschöpfung bedeutet auch, dass kein Rücktausch in Euro möglich ist. Die Tiroler Stunde ist gedeckt durch Leistungen der Menschen, die sie verwenden (Georg Pleger).

Die **Partnerbetriebe** im Netzwerk akzeptieren die Münze als Zahlungsmittel, einige jedoch nur einen gewissen Anteil an Tiroler Stunden, der Rest muss in Euro bezahlt werden. Die Betriebe lassen die Münzen im regionalen Netzwerk zirkulieren. Momentan akzeptieren 26 Partnerbetriebe die Münzen. Das System versteht sich stark als Bildungsprojekt: Entwicklung und Aufbau passieren im Dialog mit den Beteiligten und sollen zur Bewusstseinsbildung beitragen.

Zu bemerken wäre, dass es sich bei der Münze derzeit um **keine reine Zeitwährung** handelt, da die Entlohnung nicht 1:1 für Arbeitszeit erfolgt. Jedes leistungsgedeckte Regiogeld wächst langsam in der Startphase (wenige Betriebe). Das System benötigt daher intensive Unterstützung von Politik oder gemeinnützigen Vereinen oder muss an andere Systeme gekoppelt werden (z.B. eine Regiocard).

3-fach einzigartig in Europa

Tiroler Stunde:
» seit 27.1.2006
» Initiator: Georg Pleger
» 3x untypisch: Münze, Maßeinheit Stunden, Ausgabe für gemeinnützige Tätigkeiten
» Internet: *www.stunde.at*

Innovatives System:
» Wert: vorerst 20 Euro je Stunde
» rein leistungsgedeckt
» hohe Prägekosten
» von gemeinnützigen Vereinen gekauft (2 Euro je Stunde)
» Geschenk an freiwillige HelferInnen
» zirkuliert zwischen Betrieben

Daten 2007:
» im Aufbau befindlich
» 26 Partnerbetriebe
» v.a. Innsbruck und Umgebung

Beurteilung:
» derzeit keine reine Zeitwährung
» langsames Wachsen in Startphase (da kein Umtausch in Euro möglich)
» benötigt intensive Unterstützung von Politik oder Vereinen

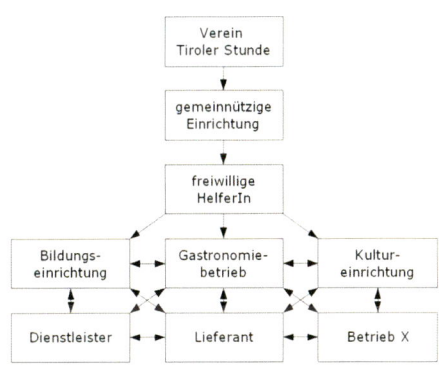

Umlaufschema der Tiroler Stunde

A Jugendprojekt iMotion (Wörgl Tirol)

Das Jugendprojekt iMotion wurde von der Stadtgemeinde Wörgl im Oktober 2005 gestartet. Es wurde initiiert von Veronika Spielbichler vom **Untergugggenberger Institut Wörgl**, und wird von der lokalen Agenda 21, dem Jugendreferat des Landes und dem Raiffeisen Club Tirol unterstützt. Ziele sind das Zusammenbringen von Jung und Alt, die Belebung der Nachbarschaft, Unterstützung von Jugendinitiativen, Sozial- und Umweltprojekte und Sozial-Sponsoring.

"**Tätigkeitsanbieter**" (öffentliche Einrichtungen, Vereine oder Private) kaufen für 2,50 Euro Zeitwertkarten bei der Stadtgemeinde und bieten Tätigkeiten an, für die sie Hilfe benötigen. Teils werden die Zeitwertkarten vom Verein verschenkt (z.B. für Menschen im Altersheim).

Jugendliche ab 12 Jahren (derzeit 230) suchen sich eine Tätigkeit aus, erbringen Dienstleistungen und erhalten dafür Zeitwertkarten (meist 1 pro Stunde, es können aber auch 2 oder 3 pro Stunde ausgehandelt werden). Diese können sie untereinander als Tauschmittel verwenden oder bei der Gemeinde je 1 bis 4 Zeitwertkarten gegen 1 Gutschein der „**Akzeptanzstellen**" einwechseln (derzeit 15 regionale Betriebe wie Kino, Wasserwelt, Skigebiete, Hartlauer etc.). Die Gemeinde bietet den Firmen separate Gutscheine an, falls diese keine besitzen.

Ein Großteil der Betriebe spendiert die **Gutscheine**, andere erhalten eine teilweise Rückerstattung von der Gemeinde (damit auch teurere, für Jugendliche besonders attraktive Angebote dabei sind). Mit dem Rest der **Einnahmen** deckt die Gemeinde die Kosten, unterstützt Initiativen und Projekte, hält Kurse ab (Computerkurs für SeniorInnen, Babysitterkurse für Jugendliche...) oder verschenkt Zeitwertkarten.

Großer **Vorteil** ist, dass sich iMotion selbst finanziert, da die Betriebe fast die gesamten Kosten tragen (Werbemedium). Einfach ist dies für Betriebe mit „geringen Grenzkosten", bei denen es egal ist, ob ein paar Leute mehr dabei sind (Kino, Bad, Skilift etc.). **Nachteilig** ist, dass das System nur funktioniert, wenn es der lokalen Wirtschaft gut geht.

Bundeskanzler Wolfgang Schüssel lobte iMotion beim Wörgl-Besuch 2005. Derzeit wird an der Erweiterung von Angebot und Nachfrage für Senioren und einer **Zeitwertkarte für Senioren** gearbeitet („Senioren helfen Senioren"). Auch andere Zielgruppen wären denkbar.

In Oberösterreich will Georg Brandenburg das Konzept für **juli21** übernehmen (Junges Linz im 21. Jahrhundert).

Ein vorbildliches Projekt der Stadtgemeinde

iMotion Wörgl (Tirol):
» seit Oktober 2005
» Träger: Stadtgemeinde Wörgl
» Initiatorin: Veronika Spielbichler
 Unterguggenberger Institut
» Lokale Agenda 21, Jugendreferat
» Internet: *www.i-motion-woergl.at*

Gutscheinsystem für Jung und Alt:
» Alt kauft Zeitwertkarten (2,50 Euro)
» Jung hilft Alt für Zeitwertkarten
» Jung tauscht Zeitwertkarten
 gegen Firmengutscheine
» Einnahmen für Gemeinde

Ziele:
» Jung und Alt zusammenbringen
» Nachbarschaft beleben
» Jugendinitiativen unterstützen
» Sozial-Sponsoring
 (z.B. Wertkarten verschenken)

Daten 2007:
» ca. 230 Jugendliche
» 15 Akzeptanzstellen

Beurteilung:
» finanziert sich selbst (Betriebe)
 v.a. bei geringen Grenzkosten
» funktioniert nur, nur wenn es der
 lokalen Wirtschaft gut geht

Weiterentwicklung:
» größeres Angebot
» Zeitwertkarte für Senioren
» auch andere Zielgruppen
» Nachahmung: juli21 in Linz

Foto: Veronika Spielbichler

A VolmeTALER (Stadt Hagen)

Der VolmeTALER (kurz VT) ist ein Regiogeld in einer **Stadtregion** mit ca. 200.000 Einwohnern (Hagen zw. Dortmund und Wuppertal) initiiert von Helmut Reinhardt. Es ist das am schnellsten wachsende Regiogeld Deutschlands mit dem besten Marketing. Im ersten Jahr waren bereits mehr als 200 Firmen und 2.000 Verbraucher dabei.

Im September 2006 wurden die eurogedeckten Gutscheine um eine leistungsgedeckte GOGO-Edition ergänzt, sodass es sich nun um ein hochinteressantes **duales System** handelt. Die Gestaltung der Scheine ist sehr professionell mit zahlreichen Sicherheitsmerkmalen. Da Hagen eine Stadtregion ist, die sich nicht selbst versorgen kann, wurde vorerst keine Rücktauschgebühr vorgesehen. Der Umlaufimpuls wird alle 2 Monate durch Klebemarken in der Höhe von 1% erhoben.

Die leistungsgedeckten Scheine sind identisch mit den eurogedeckten, nur sind sie mit „**GOGO-Edition**" gekennzeichnet und können nicht in Euro umgetauscht werden. Abhängig von der Art des Unternehmens, der Produkte und Dienstleistungen sowie der MitarbeiterInnenzahl erhält es eine gewisse Summe GOGOs, die es selbst nutzen oder an Kunden verkaufen darf. Die Euro-Einnahmen darf das Unternehmen zu 100% behalten. Werbestrategie gegenüber den Unternehmen: „Darf ich Ihnen Geld schenken? - Hat die Sache einen Haken? - Ja, sie müssen es auch ausgeben!" Die Firma muss sich jedoch vertraglich verpflichten, dem Verein die GOGOs oder deren Gegenwert in Euro zurückzuzahlen, wenn dieser sie zurückfordert. Der Verein kann in Sonderfällen GOGOs gegen Euro eintauschen, um die Euro-Liquidität aller Vereinsmitgliedern sicherzustellen.

Der Bezug von **Privatabos** wird zu Beginn mit einem Bonus in GOGOs belohnt (100 GOGOs bei einem Abo von 100 VT pro Monat). Die Laufzeit beträgt 2 Jahre. Der Rabatt beläuft sich auf 4,17% (100 durch 24). Bei einer Laufzeit von 1 Jahr erhält man nur die Hälfte an GOGOs.

Von den vielen Marketingaktionen seien nur 3 beschrieben: Die **Phönix Hagen Edition** besteht aus 10 Scheinen mit den Spielern des Basketballvereins der Stadt. Die Fans sammeln diese für die Verlosung von Dauerkarten. Das Geld für die nicht eingelösten (gesammelten) Scheine erhält Phönix Hagen. Beim **Lotto 4 aus 49** muss man 4 der 49 nummerierten Anzeigen im Hagener Stadtanzeiger ausschneiden und abgeben. Die Gewinne werden als 5 VT Lotto Edition ausgeschüttet. Mit dem **Hagener Schlemmerkalender** erhält man für 24,90 Euro 12 Gutscheine der „Restaurant Edition", für die es das 2. Essen gratis gibt.

Ein Marketing-Feuerwerk

VolmeTALER (Stadt Hagen):
» seit 8.10.2005
» Initiator: Helmut Reinhardt
» außergewöhnliches Marketing
» Internet: *www.volmetaler.org*

Daten 2006 (innerhalb eines Jahres):
» über 200 Firmen
» ca. 2.000 Verbraucher
» über 50.000 VT im Umlauf

Duales System:
» eurogedeckte Scheine plus leistungsgedeckte GOGOs
» sehr professionell
» keine Rücktauschgebühr!
» Umlaufimpuls 6 mal 1%

GOGO-Edition (seit 09/2006):
» kein Rücktausch in Euro
» abhängig von Mitarbeiterzahl
» für Ausgabe oder Verkauf
» bei Abos Bonus in GOGOs (Rabatt von 4,17%)

Ein Marketing-Feuerwerk:
» DankeSCHÖN (Geschenke der Firmen für Kunden)
» SuperDankeSCHÖN (Tombola): 1 Los pro 10 VT, monatl. Verlosung
» Lotto Edition - Lotto 4 aus 49: 49 Anzeigen im Stadtanzeiger
» VolmeLADEN: Ausgabestelle, regionale Produkte
» Phönix Hagen Sonderedition: Scheine der 10 Basketballspieler
» Hallenedition (1,60 VT): nur in Hallen für Getränke
» HappyHOUR: bei VT-Zahlung Sekt & Wein zum ½ Preis
» Restaurant Edition: Schlemmerkalender mit 12 Gutscheinen
» Parkengel: Ein Herz für Parksünder
» Preisrätsel

A UrstromTaler (Sachsen-Anhalt)

Der UrstromTaler (kurz U) ist Regiogeld in einer **strukturschwachen Region**: Er soll im ganzen Bundesland Sachsen-Anhalt gelten (2,5 Mio. EinwohnerInnen), da ansonst wegen der schwachen Infrastruktur keine geschlossenen Wirtschaftskreisläufe möglich wären. Initiator ist der Jurist Frank Jantzky aus Güsen, derzeit Vorstand vom Regiogeld-Verband. Unterstützt wird der UrstromTaler vom **BUND für Umwelt und Naturschutz**, dessen 6 Geschäftsstellen in Sachsen-Anhalt als Ausgabestellen dienen. BUND-Mitglieder können 50% ihrer Mitgliedsbeiträge in UrstromTalern bezahlen. 2007 gibt es etwa 300 PartnerInnen, die UrstromTaler in einem Umfang von 10% bis 100% akzeptieren. Erste Löhne werden in UrstromTalern ausbezahlt.

Es gibt eigene **Onlinekonten**, um UrstromTaler zu beheben oder einzuzahlen. Die Scheine sind 6 Monate gültig und können danach gegen eine Gebühr von 3% in neue umgetauscht oder auf dem Onlinekonto gutgeschrieben werden. Außergewöhnlich ist, dass die Gutscheine **teils leistungs-, teils eurogedeckt** sind. Anbieter haben daher vier Möglichkeiten zu UrstromTalern zu kommen:

» Ein Konto eröffnen und UrstromTaler bis zum Kontolimit beziehen.
» UrstromTaler für Euro (110 U für 100 Euro) ohne Rücktauschrecht.
» UrstromTaler für Euro ohne Bonus (1:1) aber mit Rücktauschrecht (in Höhe der selbst eingetauschten Euro abzüglich 5%).
» Leistungen anbieten und UrstromTaler akzeptieren, aber selbst keine ausgeben („emittieren").

In den ersten drei Fällen können die Firmen die Rückseite der Scheine mit ihrer Werbung versehen und gegen Euro an Kunden verkaufen. Die **Kontoführung** kostet 2 UrstromTaler im Monat (erste 3 Monate frei). Auf Guthaben wird 0,1% monatlich als Regionalbeitrag behoben (Umlaufsicherung auf den Onlinekonten).

VerbraucherInnen können UrstromTaler in den Ausgabestellen kaufen und erhalten ab 10 Euro ebenfalls einen Bonus von 10%. Für Privatpersonen liegt das Kontolimit bei 1.000 UrstromTalern. Sie können UrstromTaler aber nicht in Euro umtauschen.

Im Mai 2007 wurde aus dem Verein eine Genossenschaft. Seit 2006 besteht eine **Kooperation** mit der Reinstädter Landmark und seit 2007 mit der DessauerMark und dem Mitteldeutschen Barterring (wechselseitige Annahme der Verrechnungseinheiten und Gutscheine).

Kombination aus Leistungs- und Eurodeckung

UrstromTaler (Sachsen-Anhalt):
- » Initiator: Jurist Frank Jantzky
- » ganz Sachsen-Anhalt (2,5 Mio. Einwohner)
- » Gutschein teils leistungs-, teils eurogedeckt
- » eigene Onlinekonten
- » Internet: *www.urstromtaler.de*

BUND für Umwelt und Naturschutz:
- » 6 Geschäftsstellen als Ausgabestellen
- » Beiträge für BUND-Mitglieder zu 50% in UrstromTalern

Daten 2007:
- » ca. 300 Akzeptanzpartner (10-100% Akzeptanzquote)
- » bereits Löhne ausbezahlt

Vier Varianten für Anbieter:
- » UrstromTaler bis zum Kontolimit beziehen
- » 110 U für 100 Euro ohne Rücktausch
- » 100 U für 100 Euro mit Rücktausch (-5%)
- » UrstromTaler akzeptieren, aber keine ausgeben

Beurteilung:
- » verbindet Vorteil von Leistungs- und Eurodeckung in einem Gutschein
- » entweder freie Geldschöpfung, Vergabe eines Bonus oder Rücktausch in Euro
- » dadurch sehr komplex

Gutscheine seit 2007
Foto: UrstromTaler

A Sterntaler (Berchtesgadener Land)

Der Sterntaler ist eine interessante **Kombination** aus Regiogeld und Tauschsystem: Im November 2002 startete in Ainring im Berchtesgadener Land STAR e.V. Verein für organisierte Nachbarschaftshilfe, ein **Tauschring** (siehe nächste Doppelseite). Initiator ist der Banker Franz Galler. Im Tauschring werden Leistungen ausgetauscht, wobei eine Stunde Arbeit mit 10 Talenten verrechnet wird (entspricht 10 Euro).

Im April 2004 wurde das System um **Sterntaler** ergänzt, ein Regiogeld mit hohem Umlaufimpuls von 3% je Quartal (12% pro Jahr). Sterntaler kann man 1:1 für Euro kaufen. Ein Novum ist, dass man die eurogedeckten Scheine auch mit Talenten kaufen kann: Bei einem Monatsabo erhält man 100 Sterntaler für 80 Euro und 20 Talente. Der Sterntaler kann abzüglich einer Gebühr von 10% in Euro umgetauscht werden. Beim Umtausch in 65 Euro und 30 Talente beträgt der Verlust nur 5%. Ab 2008 kann man Sterntaler auch über eine **Regiocard** beziehen. Ferner ist die Einführung leistungsgedeckter Gutscheine geplant.

2006 nahmen etwa 700 VerbraucherInnen und 175 Unternehmen in Ainring und Umgebung teil, und es waren ca. 40.000 Sterntaler im Umlauf. Das Angebot im Ort ist sehr groß. Es beteiligen sich Edeka, Rewe-Nahkauf, ApothekerInnen, MetzgerInnen, Blumenläden und viele andere. Mehrere Betriebe bezahlen bereits **Löhne in Sterntalern** (nur die Beiträge für Sozialversicherung und Lohnsteuer werden in Euro bezahlt).

Aufgrund der hohen Rücktauschgebühr zirkulieren die Sterntaler sehr stark (werden nur wenig in Euro rückgetauscht). Die Einnahmen aus der **Rücktauschgebühr** sind entsprechend gering und werden derzeit zur Finanzierung des Vereins genutzt. Für die Finanzierung interner Kosten besitzt der Verein ein eigenes **Zeitkonto**, auf das die Talente-Einnahmen aus Mitgliedsbeiträgen, Annoncen etc. eingehen. Die Mitarbeit ist nicht ehrenamtlich, sondern wird mit 5 Talenten pro Stunde bezahlt. Der Sterntaler ist dadurch vollständig selbstfinanziert.

Das System bewirkt die starke **Vernetzung der teilnehmenden Firmen**, die im Schnitt zu ca. 30% von regionalen Betrieben beliefert werden. Nach einer Umfrage unter 75 Betrieben haben sie bereits im ersten Jahr insgesamt etwa 80.000-100.000 Sterntaler eingenommen und ca. 300 Neukunden gewonnen (Günter Hoffmann).

Kritisch ist die Möglichkeit, Sterntaler mit Talenten kaufen zu können. Für jeden Sterntaler müssen nämlich 90% Euro-Deckung vorhanden sein. Wenn zu viele Sterntaler mit Talenten gekauft werden, müsste die Euroquote erhöht werden (100 Sterntaler für 90 Euro und 10 Talente).

Kombination aus Regiogeld und Tauschsystem

Sterntaler (Berchtesgadener Land):
» seit 2002 bzw. 2004
» Initiator: Franz Galler (Banker)
» Träger: STAR e.V.
» Internet: *www.star-mach-mit.com* bzw. *www.sterntaler-regional.de*

Innovatives duales System:
» Tauschkreis (Talente) plus Regiogeld (Sterntaler)
» 1 h Arbeit = 10 Talente = 10 Sterntaler = 10 Euro
» Eintausch: 100 Sterntaler für 100 Euro oder 80 Euro und 20 Talente
» Rücktausch: für 100 Sterntaler 90 Euro oder 65 Euro und 30 Talente
» Rücktauschgebühr: 10%
» Umlaufimpuls: 3% pro Quartal

Daten 2006:
» ca. 700 Verbraucher
» ca. 175 Unternehmen
» sehr viele in Ainring und Umgebung
» ca. 40.000 Sterntaler im Umlauf

Weitere Besonderheiten:
» Löhne in Sterntaler ausbezahlt
» sehr geringe Rücktausch-, sehr hohe Umlaufquote
» intensive Vernetzung der Firmen (30% des Umsatzes regional)
» selbstfinanzierter Verein

Foto: STAR e.V.

B Tauschsysteme mit gegenseitiger Kreditvergabe

Abschnitt B stellt **Tauschsysteme** vor, bei denen die Währung erst beim Tauschvorgang zwischen zwei Tauschpartnern entsteht. Dies erfolgt meist durch Ausfüllen eines Buchungsbelegs (Tauschschein), der später auf den Konten der Mitglieder verbucht wird: Das Konto des einen Teilnehmers geht ins Minus, das des anderen in Plus. Der eine gewährt dem anderen also eine Art Kredit, in dem Vertrauen darauf, dass er sein Guthaben später wieder bei anderen einlösen kann (Anspruch gegenüber der Gemeinschaft). Nachteilig ist, dass jeder Tausch mit einem Buchungsaufwand verbunden ist.

Der große Vorteil ist, dass sich die Mitglieder des Systems gegenseitig „Kredite" gewähren, also ohne Geld Tauschen können. Man spricht daher von **gegenseitiger Kreditvergabe** (Mutual Credit Systems). Es herrscht niemals Geldmangel. Guthaben und Schulden halten sich die Waage, wachsen aber nicht exponentiell (keine Zinsen), sondern nur mit Anzahl, Leistungs- und Sparbereitschaft der Mitglieder. Das geschaffene Geld ist durch Waren oder Leistungen gedeckt. Das System muss sich aber nicht auf Null ausgleichen, die Währung kann auch frei geschöpft (verschenkt oder verkauft) werden. Dann besteht aber die Gefahr einer „Inflation". Wenn die Währung als **Gutschein** ausgegeben wird, um den Buchungsaufwand zu verringern, entspricht dies den leistungsgedeckten Regiogeldern aus Abschnitt A.

Für Privatpersonen wurden solche Systeme erstmals 1983 von Michael Linton in Kanada genutzt: **Local Exchange Trading Systems**. LETS sind meist nur lokal gültig (je ein Ort mit wenigen Mitgliedern) und im englischsprachigen Raum weit verbreitet, vor allem in Regionen mit hoher Arbeitslosigkeit. In Großbritannien gibt es ca. 350 LETS. Ziel ist meist die Schaffung neuer Arbeitsmöglichkeiten. Die größte Verbreitung haben diese Systeme mittlerweile in Südamerika.

LETS heißen in Österreich **Tauschkreise** (ca. 35) und in Deutschland **Tauschringe** (ca. 350), die Währung meist **Talente**. Angebot und Nachfrage soll zusammenfinden, auch wenn das Geld fehlt, und ein stabiles Netzwerk aufgebaut werden, in dem sich die Partner vertrauen. Neben sozialen Zielen (gegenseitige Nachbarschaftshilfe) werden meist auch wirtschaftliche verfolgt. Vorzeigemodell ist der Talente-Tauschkreis Vorarlberg (siehe nächste Doppelseite).

Weitere Tauschsysteme sind Seniorengenossenschaften und Zeitsparmodelle, Zeitbanken und Barterringe für Unternehmen, die wir uns in diesem Abschnitt näher ansehen werden.

LETS, Tauschkreise, Tauschringe und mehr

Local Exchange and Trading System:
» seit 1983 im angelsächsischen Raum verbreitet
» hunderte lokale Systeme (wenige Mitglieder)
» Ziel: Behebung von Arbeitslosigkeit
» ca. 350 in England

Tauschkreise (Privatpersonen):
» ca. 35 in Österreich
» ca. 350 in Deutschland
» Währung meist „Talente"
» Nachbarschaftshilfe und Tauschhandel ohne Euro
» Aufbau sozialer Netze

Seniorengenossenschaften, Zeitsparmodelle (Senioren):
» gegenseitige Hilfsdienste und Nachbarschaftshilfe
» sichere, inflationsfreie Altersvorsorge
» zinsfreie Finanzierung von Pflegediensten

Zeitbanken (Kommunen):
» inflationsfreie Zeitguthaben
» zinsfreie gegenseitige Kreditvergabe
» Finanzierung langfristiger sozialer Projekte

Barterringe (Unternehmen):
» Handel ohne Euro
» traditionsreich

Tauschsysteme (Mutual Credit Systems) ermöglichen die gegenseitige Kreditvergabe. Entscheidend ist dabei das Vertrauen. Das Wort Kredit ist abgeleitet vom lateinischen credere „glauben" und creditum „das auf Treu und Glauben Anvertraute" (Wikipedia). Dabei darf man nicht vergessen, dass auch das Bezahlen mit Geld ein Tauschvorgang ist, und der Wert des Geldes ebenfalls auf Vertrauen basiert...

B Talente-Tauschkreis Vorarlberg (Österreich)

Einer der erfolgreichsten und innovativsten Tauschkreise Mitteleuropas ist der seit 1996 bestehende Talente-Tauschkreis Vorarlberg. Heute hat der „Verein für organisierte Nachbarschaftshilfe" ca. 1.500 Nutzer. Treibende Kraft ist der Unternehmensberater Gernot Jochum-Müller. Für eine Stunde Arbeit wird die Verrechnung von 100 Talenten (Tt) empfohlen. Ein Drittel aller Geschäfte und Hilfsdienste wird im Schnitt nicht verbucht (verschenkt). Der Verein ist in ganz Vorarlberg aktiv und hat sich bereits in 8 Regionalgruppen geteilt, die sich monatlich treffen. Es gibt Veranstaltungen, Kurse, Projekte (Bibliothek), eine monatliche Marktzeitung und ein halbjährliches Talenteverzeichnis.

Es ist die einzige **echte Zeitwährung** Europas, da sie nicht 1:1 an den Euro gekoppelt ist: Talente haben durch regelmäßige Anpassung des Umrechnungskurses (**Inflationsanpassung**) eine konstante Kaufkraft. Bisher waren 100 Tt 7,7 Euro (1 Euro = 13 Tt), seit 2006 8,7 Euro (11,5 Tt).

Im Laufe der Zeit haben sich auch **Firmen und Vereine** beteiligt (ca. 15% der Mitglieder). Dies ist erfolgsentscheidend, denn nur wenn das Angebot im System professionell und groß genug ist, kann es wachsen und von allen Beteiligten als Gewinn empfunden werden. Seit 2004 wird im Auftrag von 5 **Gemeinden** ein Projekt mit einer Sozialeinrichtung durchgeführt. In dieser Kooperation wurde ein Zeitsparmodell entwickelt (siehe nächste Doppelseite). Gemeinden können im zivilrechtlichen Bereich teilnehmen, nicht jedoch in Bereichen, die in der österreichischen Abgabenordnung geregelt sind.

Für Buchungen werden **Buchungsaufträge** verwendet. Ferner werden **Kassenbons** als Buchungsbeleg akzeptiert, wenn der Preis in Talenten aufgedruckt ist (siehe Abbildung), der Kunde seine Kontonummer einträgt und unterschreibt. In Geschäften werden einfache **Buchungslisten** aufgelegt (Preis, Kontonummer, Unterschrift). Zudem gibt es **Talente-Gutscheine** (10, 50, 100, 500, 1000 Tt), die das Verschenken ermöglichen (auch an Nichtmitglieder). Sie müssen auf der Rückseite unterschrieben werden, haben also einen Lebenslauf, an dem man sieht, wer den Gutschein schon hatte. Sie können aber nur maximal 10-mal weitergegeben werden (10 Zeilen auf der Rückseite).

Seit Oktober 2006 gibt es auch **Nachhaltigkeitsgutscheine**, eurogedeckte Gutscheine mit einem Nennwert (115 Tt = 10 Euro) aber 8 verschiedenen Motiven (nachhaltige Vereine der Region). Sie werden gegen Euro gekauft, haben 10% Verlust beim Rücktausch in Euro, aber keinen Verlust beim Rücktausch in Talente. Die Einnahmen kommen den jeweiligen Initiativen zugute.

Eines der innovativsten Tauschsysteme Europas

Talente-Tauschkreis Vorarlberg:
» seit 1996
» Leiter: Gernot Jochum-Müller
» 1 h Arbeit = 100 Talente (Tt)
» 100 Tt = 8,7 Euro (1 Euro = 11,5 Tt)
» Internet: *www.talentiert.at*

Daten 2006:
» ca. 1.500 Nutzer
» Umsatz 2006: 2,3 Mio. Tt
» Umsatz bisher: 123.000 Stunden

Besonderheiten:
» Inflationsanpassung
» ca. 15% Firmen und Vereine
» Kassenbon als Buchungsbeleg
» Talente-Geschenk-Gutscheine
» professionelles Onlinesystem

Nachhaltigkeitsgutschein:
» eurogedeckte Gutscheine
» kaufbar für 10 Euro (115 Tt)
» 10% Verlust bei Rücktausch in Euro
» 0% Verlust bei Rücktausch in Tt

Weiterentwicklung:
» Gründung der Talente Genossenschaft für regional wirtschaftliche Vorhaben
» Ausbau des Zeitsparmodell (nächste Seite)

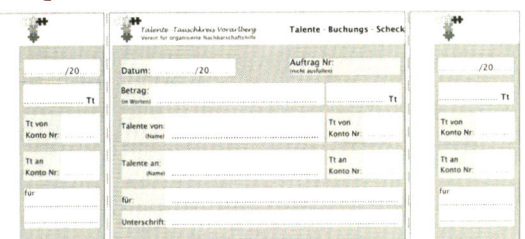

B Zeitvorsorge Vorarlberg, Zeittausch Schweiz

Der **Talente-Tauschkreis Vorarlberg** startete 2004 mit dem Sozialsprengel Leiblachtal (5 Gemeinden) das Projekt „**Tauschen im Leiblachtal**", um MitarbeiterInnen für die stundenweise Altenbetreuung zu gewinnen. Zudem werden auch lokale Betriebe einbezogen, was die Attraktivität des Systems erhöht. Der Sozialsprengel akzeptiert Talente als Zahlungsmittel (Essen auf Rädern, Mobile Haushilfe etc.) und entlohnt freiwillige MitarbeiterInnen in Talenten. Mit der Kampagne „**Evergreen**" werden auch SeniorInnen über 55 zur Mithilfe motiviert.

2006 wurde im Leiblachtal die **Vorarlberger Zeitvorsorge** gestartet. Die Grundidee ist: „Jetzt helfen, später abgesicherte Hilfe im Alter." Wer mithilft, hat doppelt vorgesorgt: Zeit angespart und Kontakte geknüpft. Die Hilfsdienste vermitteln, unterstützen, versichern und bezahlen die Tauschkreismitglieder (entweder 100 Talente pro Stunde oder 50 Tt und 50% in Euro). Die Talente können **inflationsfrei** auf einem Zeitkonto angespart werden. Der Inflationsausgleich (siehe vorige Seite) ist eine Grundvoraussetzung für das Zeitsparmodell. Da die Helfer die geleistete Zeit erst in vielen Jahren zurückfordern, gewähren sie der Allgemeinheit einen langfristigen **zinsfreien Zeitkredit**. Mit zins- und inflationsbelastetem Geld wäre dies unmöglich.

Die zweite Grundvoraussetzung für Zeitsparmodelle ist die **Sicherstellung der Zeitguthaben**. In diesem Modell garantieren die Gemeinden als Träger des Vereins, das stabilste Glied der Gesellschaft, die Zurückzahlung der Leistungen. Hilfsbedürftige zahlen wie normal 8-12 Euro je Stunde. Der Verein bildet damit eine Rücklage. Diese dient zur Schaffung von Vertrauen und für den Fall, dass in Zukunft Helfer in Euro bezahlt werden müssen (wenn zu wenige bereit sind, die Hilfe für Talente zu leisten). Diese Verpflichtungen sind vertraglich geregelt. Im Falle eines Wohnsitzwechsels erhält man gegen einen Abschlag Zeitguthaben in Euro ausbezahlt.

Die **Vorarlberger Landesregierung** setzt voll auf mobile Hilfe und Pflege (Baustopp für Pflegeheime) und schätzt, dass der Bedarf für mobile Dienste bis 2020 um 280% steigen wird. Sie übernimmt nun die Kosten für die landesweite Einführung der Zeitvorsorge (Werbung, Umstellungs- und Verwaltungskosten der Hilfsdienste).

Auch **BENEVOL**, die Freiwilligenagentur des Schweizerischen Roten Kreuzes, setzt Zeitwährungen zur Förderung von Freiwilligenarbeit ein und will die Lücke zwischen Ehrenamt und bezahlter Arbeit durch Zeittauschsysteme schließen (Start 8.11.07 Kanton St. Gallen). Später soll ein Zeitsparmodell ergänzt werden. Ein weiteres Zeitsparmodell ist „**ZETA** - Hilfe und Unterstützung zu Hause dank Zeittausch" (Zürich).

So beständig wie die Zeit

Sozialsprengel Leiblachtal (Österreich):
- » 5 Gemeinden
- » ca. 13.000 Einwohner
- » ca. 20.000 Stunden pro Jahr
- » *www.sozialsprengel.org*

Tauschen im Leiblachtal (seit 2004):
- » MitarbeiterInnen gewinnen
- » stundenweise Altenbetreuung
- » Einbeziehung lokaler Betriebe
- » Sozialsprengel akzeptiert Talente
- » Mitarbeiter mit Talenten bezahlt
- » „Evergreen": Senioren aktivieren

Vorarlberger Zeitvorsorge (seit 2006):
- » Prinzip: jetzt 1 Stunde helfen, im Alter 1 Stunde Hilfe erhalten
- » Hilfsbedürftige zahlen 8-12 Euro / h
- » Helfer erhalten Zeitgutschrift
- » Euro gehen an die Gemeinde
- » Großteil wird sozial investiert
- » 40% Rücklagen sichern Zeitguthaben
- » lokale mobile Hilfsdienste (MOHI) bürgen für die Zurückzahlung
- » MOHI stellen Mitglieder an
- » Zeitguthaben sind inflationsfrei

Vorarlberger Landesregierung:
- » übernimmt Kosten der MOHIS für Einführung+Verwaltung des Modells
- » Baustopp für Pflegeheime
- » Bedarf an mobiler Hilfe steigt bis 2020 um geschätzte 280%

Freiwilligenagentur BENEVOL Schweiz:
- » Schweizerisches Rotes Kreuz
- » Zeittauschsysteme ab 8.11.07
- » Lücke zwischen Ehrenamt und bezahlter Arbeit schließen
- » Internet: *www.benevol.ch*

ZETA (moneymuseum Zürich):
- » „Hilfe und Unterstützung zu Hause dank Zeittausch"
- » *zeta.moneymuseum.com*

B Weltgrößtes Pflegemodell Fureai Kippu (Japan)

Die **weltgrößte Komplementärwährung** ist mit rund 3 Mio. Mitgliedern und 400 Regionalgruppen Fureai Kippu („Pflege-Beziehungs-Ticket" auch „Hotta-san") in Japan, dem Land mit der stärksten Überalterung der Welt. Japan hat 127 Mio. EinwohnerInnen, von denen 20% über 65 Jahre alt sind (25 Mio.). Über 8 Mio. benötigen regelmäßig Hilfe und 1 Mio. sind behindert oder pflegebedürftig. Das Modell wurde 1995 vom Justizminister und Generalstaatsanwalt Tsutomu Hotta eingeführt und ist eine allgemein genutzte und geschätzte Ergänzung zur Betreuung und Pflege älterer oder behinderter Menschen (Kennedy & Lietaer).

Für **Hilfs- und Pflegedienste** erhält man je nach Tageszeit und Tätigkeit unterschiedlich hohe Zeitgutschriften (z.B. für Körperpflege mehr als fürs Einkaufen). Dies ist bei fast jeder Gruppe anders geregelt, oft werden Teile auch in Yen ausbezahlt. Die Freiwilligen können die Zeitgutschriften für sich selbst oder jemanden ihrer Wahl verwenden. Dies wird genutzt, um den Eltern in einem anderen Landesteil „Zeit" zur Verfügung zu stellen (beim Verschenken von Zeit wird die Spende verdoppelt).

Pflege-Beziehungs-Tickets können auch um Yen erworben werden. Der Preis einer Stunde beträgt 4,30-6,70 Euro (Veronika Spielbichler). Die Yen-Einnahmen dienen zur Deckung der Verwaltungskosten sowie zur Speisung eines umfangreichen Fonds, aus dem soziale Maßnahmen finanziert werden (Errichtung von Gebäuden, Ausbildungskurse...).

Die Menschen bevorzugen diese Form der Pflege, da die zwischenmenschliche **Qualität** höher ist als bei professionellen PflegerInnen (Zeit zum Plaudern). Helfer mit Tickets zu entlohnen, ist den Menschen angenehmer als kostenlose Dienste zu beanspruchen (dies ist vielen peinlich und man wäre zu Gegenleistung verpflichtet). Traditionell wäre die Schwiegertochter verpflichtet, ihre Schwiegereltern zu pflegen.

Neben dem Anstieg freiwilliger Helfer auf Zeitbasis ist zugleich ein **Anstieg ehrenamtlicher Helfer** zu beobachten, die keine Zeitkonten eröffnen. Freiwilligenarbeit wurde durch das System so stark aufgewertet, dass alle das Gefühl haben, ihre Leistungen werden anerkannt. Damit ist der Einwand widerlegt, dass durch die Entlohnung von Freiwilligen mit Zeitgutschriften die Ehrenamtlichen nichts mehr tun wollen.

China startete 2005 ein Modell, das bereits größer sein soll (keine Daten verfügbar). **Vorarlberg und Schweiz** starten Systeme nach japanischem Vorbild (vorige Seite). In Japan ergänzt man nun die Pflege um Nachbarschaftshilfe und wirtschaftliche Leistungen, da die Mitglieder nichts mehr leisten wollen, wenn sie auf die Einlösung ihrer Guthaben warten müssen (**time lag** - Problem der Zeitlücke).

Eine Lösung für die Überalterung!

Fureai Kippu (Japan):
- „Pflege-Beziehungs-Ticket"
- Initiator: Justizminister 1995
- z.B. Sawayaka Welfare Foundation
  www.sawayakazaidan.or.jp

Weltgrößtes Pflegemodell:
- 3 Mio. Mitglieder
- 400 regionale Zeitbanken
- landesweit gültig
- allgemein genutzt und geschätzt

Zeitgutschriften:
- für Hilfs- und Pflegedienste
- je nach Tageszeit und Tätigkeit
- nutzen oder verschenken (Eltern)
- Spenden werden verdoppelt
- Pflege-Beziehungs-Tickets:
  4,30-6,70 Euro pro Stunde
- Yen-Einnahmen in Sozialfonds:
  Finanzierung der Kosten
  und sozialer Projekte

Akzeptanz/Auswirkungen:
- höher als bei prof. PflegerInnen
  (persönlicher, weniger Zeitdruck)
- Aufwertung der Freiwilligenarbeit
- Anstieg ehrenamtlicher Helfer
- Sicherung der Pflege
  und hohe Einnahmen

Nachahmung:
- China (Start 2005)
- Vorarlberg (Start 2006)
- Schweiz (in Vorbereitung)

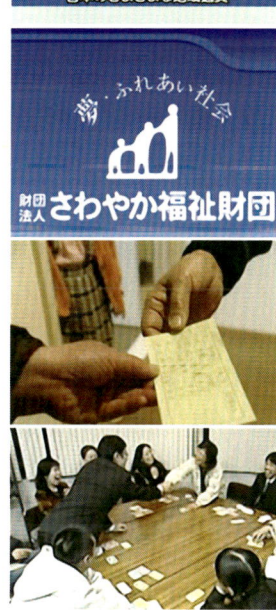

B Seniorengenossenschaften (Deutschland)

Ende der 80er Jahre hat **Lothar Späth**, der damalige Ministerpräsident Baden-Württembergs, die Idee der Seniorengenossenschaften aus den USA nach Deutschland ‚importiert'. Während seines Aufenthalts in den USA machte er Bekanntschaft mit den weit verbreiteten Babysitter- und Senioren-Ringen (Zeit-Banken): *„Das einfache Prinzip des Hilfeaustauschs dieser Initiativen faszinierte mich"*.

Die Mitglieder bei Seniorengenossenschaften sind in der Regel über 60 Jahre alt und unterteilen sich in **aktive und passive TeilnehmerInnen**. Die aktiven erbringen Leistungen (Fahrtdienste, Besorgungen, einfache Pflegedienste) für die, die nicht mehr aktiv sein können, und erhalten dafür Zeitgutschriften. Die passiven TeilnehmerInnen kaufen Stunden (meist 8,20 Euro pro Stunde) oder brauchen die Zeitguthaben auf, die sie aufgebaut haben, als sie noch aktiv waren.

1991 wurde ein Förderprogramm für 10 Pilotprojekte in Baden-Württemberg gestartet. Für 3 Jahre erhielten die ersten Seniorengenossenschaften finanzielle und wissenschaftliche Begleitung. Träger waren die jeweiligen Kommunen (meist Vereine, keine Genossenschaften). Am bekanntesten und vielfach ausgezeichnet ist die **Seniorengenossenschaft Riedlingen** (bei Ulm) von Senator Martin (600 Mitglieder), die 68 betreute Wohnungen und eine Tagespflegestätte betreut.

In den Folgejahren breitete sich die Idee in ganz Deutschland aus. Inzwischen dürften ca. 50 Initiativen dieser Art entstanden sein. Das Paradebeispiel ist die **Seniorenhilfe Dietzenbach** (SHD) bei Frankfurt. Bereits beim offiziellen Start 1994 waren 485 Mitglieder dabei, heute sind es über 1.700 (rund 6% der Bevölkerung der Kreisstadt). Es wird auch die Jugend einbezogen. Das Durchschnittsalter beträgt 65 Jahre (17-97 Jahre). Das System soll die Pflege sichern (Jung pflegt Alt) und generationenübergreifende Zusammenarbeit schaffen (Alt hilft Jung). Für alle Tätigkeiten erhält man einen Punkt pro halbe Stunde: Altenbetreuung, Nachbarschaftshilfe, Nachhilfe, Computer-Hilfe, Freizeitaktivitäten, Reparaturdienste... SHD hat große Vorbildwirkung im Kreis Offenbach: 12 andere Seniorengenossenschaften entstanden, die größte in Langen mit 1.200 Mitgliedern (Günter Hoffmann).

In Österreich gibt es seit 2002 in Pöchlarn bei Melk (Partnergemeinde von Riedlingen) die **Raiffeisen-Genossenschaft Senior Sozial**, eine echte Genossenschaft, die von der Raiffeisenkasse Melk und der UNIQA Versicherung getragen bzw. unterstützt wird (130 Mitglieder, 20 aktive, ca. 2.500 Stunden pro Jahr werden angespart). Das Haus hat 13 Seniorenwohnungen und eine Tagesstätte im Erdgeschoss.

Die „Zeichen der Zeit" verstanden...

Seniorengenossenschaften (Deutschland):
- » Initiator: Lothar Späth 1991
- » 10 Pilotprojekte Baden-Württemberg
- » heute ca. 50 in ganz Deutschland
- » aktive Teilnehmer leisten Hilfe: erhalten Zeitgutschriften
- » passive Teilnehmer erhalten Hilfe: brauchen Zeitguthaben auf oder kaufen Stunde für ca. 8,20 Euro

Seniorengenossenschaft Riedlingen
- » seit 1991 (Senator Martin)
- » 600 Mitglieder (6% der Bevölkerung)
- » 68 betreute Wohnungen
- » Tagespflege (bis zu 30 Gäste)
- » Internet: *www.martin-riedlingen.de*

Seniorenhilfe Dietzenbach (bei Frankfurt):
- » beim Start 1994 485 Mitglieder
- » 1700 Mitglieder (6% d. Bevölkerung)
- » auch Jugendliche einbezogen
- » Motto: Jung pflegt Alt, Alt hilft Jung
- » Alter: im Schnitt 65 Jahre (19-97)
- » ein Punkt pro halbe Stunde
- » ca. 20.000 h pro Jahr gespart
- » Vorbildwirkung in Kreis Offenbach: 12 neue Seniorengenossenschaften
- » *www.seniorhilfe-dietzenbach.de*

Raiffeisen-Genossenschaft Senior Sozial:
- » Pöchlarn bei Melk (Niederösterreich)
- » echte Genossenschaft
- » Partnerstadt von Riedlingen
- » von RAIKA und UNIQA getragen
- » ca. 130 Mitglieder (20 aktive)
- » ca. 2.500 Stunden pro Jahr gespart
- » Haus mit 13 Seniorenwohnungen
- » Tagesstätte im Erdgeschoß
- » Internet: *www.seniorsozial.at*

Fotos: Senator Martin

Foto: Senior Sozial

„Angesichts dieser Entwicklung möchte ich fast schon von einer Bewegung sprechen, einer Bewegung von Menschen, die die ‚Zeichen der Zeit' verstanden haben." **Jürgen Heyer, Bgmst. Dietzenbach**

B Sonstige Zeittauschsysteme in Österreich

Neben den ca. 35 Tauschkreisen und **Senior Sozial** gibt es in Österreich auch noch andere Zeittauschsysteme.

Das **Generationennetzwerk Österreich** (GNW) ist ein System für generationenübergreifende Nachbarschaftshilfe, das soziale Hilfsleistungen auf Zeitbasis abrechnet (Zeitgutscheine von 1 Stunde). Es wurde 2006 gegründet, wird vom Sozialministerium gefördert und befindet sich im Aufbau. Das GNW will in ganz Österreich tätig werden und hat derzeit 95 Mitglieder in 5 Regionalgruppen (Gemeinden) in Oberösterreich und Salzburg: Ungenach, Attergau, Salzburg-Sam, Wels, St. Martin bei Lofer. Außergewöhnlich ist, dass jedes Mitglied pro Jahr 3 Stunden geschenkt erhält, um Hemmungen abzubauen, sich helfen zu lassen.

Die **Gelebte Aktive Bürgergesellschaft** (GAB) ist in 5 Gemeinden Niederösterreichs tätig (Grafenwörth, Melk, St. Peter, Weiten, Yspertal). Initiator ist Alfred Riedl, Bürgermeister von Grafenwörth, Landtagsabgeordneter und Präsident des ÖVP-Gemeindevertreterverbandes. GAB entstand 2006 in enger Kooperation mit dem Arbeitsmarktservice, der Arbeitsgemeinschaft NÖ Pflegeheime und den mobilen Diensten und soll die professionellen Hilfsangebote sinnvoll ergänzen. Die Gemeinden vermitteln Nachbarschaftshilfe auf Basis von Freiwilligenarbeit. Die Bürger, die Hilfe benötigen, erhalten freiwillige Unterstützung von anderen (inkl. Betreuung von Alten und Kranken). Die Leistungen werden mit Gutscheinen beglichen, die man bei der Gemeinde kaufen kann. Die Helfer können die Gutscheine auf ihrem „**Lebenskonto**" gutschreiben lassen. Damit können sie bei Bedarf selbst Hilfe beanspruchen - allerdings ohne Rechtsanspruch.

Interessant ist das **Sozialzeitkonto der Gemeinde Elixhausen** (Salzburg), auf dem Hilfsdienste vermerkt werden. Mit den Stunden erhält man Vergünstigungen bei mobilen Pflege- und Hilfsdiensten, Gutscheine der Gemeinde Elixhausen für örtliche Unternehmen und mehr. Damit wird umgangen, dass Stundengutschriften als Einkommen versteuert werden müssen.

Die SPES Akademie in Schlierbach (Oberösterreich) hat 2006 eine Zeitbank für Senioren entwickelt (**ZeitBank55+**), ein kommerzielles Franchise-Modell, das ca. 1.000 Euro plus Jahresgebühren kostet. Man erwirbt Stunden auf einem Zeitkonto. Man darf dieses aber nicht überziehen, sondern muss einen Stundenblock kaufen (10 h für 36 Euro). Wer bereits Stunden geleistet und gespart hat, kann diese wie bei einem Tauschkreis mit einem Leistungsscheck weitergeben. Verschenken von Zeitguthaben ist unzulässig. Das System lebt davon, dass Zeitguthaben beim Tod von Mitgliedern verloren gehen und eine „Inflation" verhindern.

Vom Generationennetzwerk bis zur Zeitbank

Generationennetzwerk Österreich:
» Nachbarschaftshilfe für Jung und Alt
» Stundengutscheine
» seit 2006 im Aufbau befindlich
» gefördert vom Sozialministerium
» in ganz Österreich tätig
» derzeit 95 Mitglieder in 5 Gemeinden
» 3 Stunden pro Jahr geschenkt (Ansporn, sich helfen zu lassen)
» Kopplung mit KiB Children Care (Kinderbetreuung 30.000 Mitglieder)
» *ww.generationennetzwerk.at*

Gelebte Aktive Bürgergesellschaft:
» 5 Gemeinden Niederösterreichs
» Initiator: Mag. Alfred Riedl Landtagsabgeordneter
» Kooperation mit AMS und NÖ Pflegeheimen
» Zeitgutscheine, Lebenskonto
» bei Gemeinde kaufen
» Auf Lebenskonto ansparen

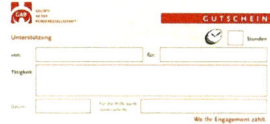

Sozialzeitkonto Elixhausen (Salzburg):
» Zeitgutschriften
» Vergünstigungen bei mobilen Pflege- und Hilfsdiensten
» Gutscheine der Gemeinde für örtliche Unternehmen

SPES Zeit*Bank*55+ (Oberösterreich):
» seit 2006 (Gemeinde Molln)
» SPES-Akademie Schlierbach
» kommerzielles Franchise-Modell
» leider beschränkt auf Senioren
» ansparen von Zeit auf Konto
» Kauf von Stunden für 3,60 Euro
» Internet: *www.zeitbank.at*

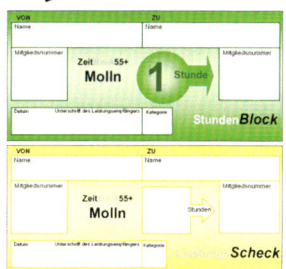

B Die Evolution von Zeitwährungen

Spannend ist, welche Entwicklung die Tauschsysteme gemacht haben: In den USA sind aus den LETS hunderte **Time Banks** entstanden. Zeitbanken sind Mittlerstellen, die jede Arbeit gleich bewerten - jede Stunde ist gleich viel wert. Weltweit gibt es ca. 800 Zeitbanken, nur eine in Deutschland in München (Martin Schmidt-Bredow, im Aufbau).

Vor allem in **Großbritannien** haben sich in den 90ern Zeitbanken in Kooperation mit Kommunen und sozialen Wohlfahrtsorganisationen ausgebreitet (über 200, heute nur mehr 120). Sie sollen den TeilnehmerInnen langfristig Sicherheit bieten (Zeitsparkonten) und bei der Integration von MigrantInnen helfen. Das Motto ist „Alt hilft Jung" (Nachhilfe, Sprachen…) und „Jung hilft Alt" (Computer, Einkaufen, Spazieren…).

Um den Buchungsaufwand der Zeitbanken zu minimieren, hat Edgar S. Cahn 1986 in Washington **Time Dollars** (Zeit-Geldscheine) eingeführt. Mittlerweile gibt es über 200 solcher Systeme in den USA, die laut Bundesgesetz steuerfrei sind. Die Time Dollars in Washington sind in 200 Gemeinden gültig. Studien zeigten, dass durch Time Dollars in Rentner-Wohnanlagen Gemeinschaft und Wertschätzung geschaffen wird und sich der Gesundheitszustand der Menschen verbessert.

In Brooklyn NY akzeptiert die Krankenkasse **Elderplan** sogar 25% der Beiträge für ihre Seniorenprogramme in Time Dollars. Elderplan hat auch eine eigene „**Care Bank**" (Pflegebank) eingerichtet, in der 125 Mitglieder knapp 10.000 Stunden pro Jahr leisten und ansparen. Unter dem Strich kosten diese Senioren der Krankenkasse weniger, da sie noch wesentlich aktiver und daher viel gesünder sind!

Paul Glover führte 1991 die **Ithaca HOURS** ein (Staat New York). Eine HOUR entspricht einer Stunde Arbeit und 10 US$. Nach 10 Jahren hat sie sich in Ithaca als legales Zahlungsmittel durchgesetzt, sodass alle Waren und Dienstleistungen damit erworben werden können. Mit HOURS werden auch Löhne und Mieten bezahlt. Sogar **Dollar-Kredite** können in HOURS getilgt werden. Die Scheine tragen die Aufschrift „In Ithaca we trust" statt „In good we trust". Wer sie fälscht wird ebenso bestraft, als hätte er US$ hergestellt (Günter Hoffmann). Jeder Teilnehmer erhält HOURS, wenn er beitritt und dann einmal im Jahr. Will er mehr HOURS, muss er Arbeit für HOURS anbieten. Da das Geld nicht aus der Stadt verschwindet, steigt die Geldmenge stetig an. Das Komitee versucht, **Inflation und Deflation** durch Anpassung der ausgegebenen Menge zu steuern. Da dies nur langsam wirkt, ist das System anfällig. Nachteilig ist, dass die Geldmenge nur langsam steigt, sodass Unternehmen erst spät teilnehmen können (Karkuschke & Fischer).

Time Banks und Time Dollars (Ithaca Hours)

Time Banks (USA):
- » hunderte Babysitter-Ringe
- » hunderte Senioren-Ringe
- » Internet: *www.timebanks.org*

Time Banks (Großbritannien):
- » über 200 Zeit-Bank-Systeme
- » Kooperation mit Kommunen und sozialen Organisationen
- » Alt hilft Jung - Jung hilft Alt
- » Integration von Migranten
- » Internet: *www.timebanks.or.uk*

Zeitbank München (im Aufbau):
- » Martin Schmidt-Bredow
- » Internet: *www.zeitbank.net*

Time Dollars (USA):
- » seit 1986 (Edgar S. Cahn)
- » über 200 Zeit-Geldscheine
- » Washington: 200 Gemeinden
- » durch Bundesgesetz steuerfrei

Ithaca Hours (Staat New York):
- » seit 1991 (Paul Glover)
- » „In Ithaca we trust"
- » 1 Stunde = 1 HOUR = 10 US$
- » legales Zahlungsmittel
- » in allen Geschäften gültig
- » Löhne, Mieten, Kredite etc.
- » Problem Geldmengensteuerung
- » Internet: *www.ithacahours.com* sowie *www.ithacahours.org*

Foto: Ithaca HOURS

B Bartersysteme - Tauschringe für Unternehmen

Barter-Ringe sind Tauschringe für Unternehmen. „Bartern" heißt Tauschen und ist eine traditionsreiche Art des Tauschhandels, bei der Waren oder Dienstleistungen ohne Geld ausgetauscht werden. Entstanden sind sie zu Beginn des 19. Jahrhunderts in den USA (z.B. Cincinnati Time Store 1827). Verbreitung fanden Bartersysteme vor allem in Krisenzeiten (Weltwirtschaftskrise 1929-1934).

Bartern bietet **viele Vorteile**: zusätzliche Geschäfte und KundInnen, Erschließung neuer Märkte, Auslastung freier Kapazitäten, Zusammenführung von Angebot und Nachfrage (auch ohne Kapital), Alternativen zu den Bankkonditionen, Erhöhung der Liquidität. Sinkende Preise, geringere Margen und ungenügende Auslastung können ausgeglichen werden. Barter kommt ganz ohne Banken, Zins und Zinseszins aus. Im Gegensatz zu sozialen Tauschsystemen bezieht sich die Währung meist nicht auf eine Stunde Arbeitszeit, sondern ist 1:1 an die Landeswährung gekoppelt und nennt sich „Trade Dollar" oder „Tausch Euro".

Die Möglichkeit der gegenseitigen Kreditvergabe wird von Unternehmen weltweit intensiv genutzt, vor allem für **internationale Geschäfte**. Weltweit gibt es ca. 700 Barter-Ringe und 25 bis 30% aller internationalen Transaktionen werden über „Countertrade" abgewickelt (ca. 600 Mrd. US$ pro Jahr - Bernard Lietaer) - Tendenz steigend. Der Zulauf erfolgt auch wegen Hürden bei der Kreditvergabe (Basel II). In Österreich gibt es nur abcmarkets AG (vormals BCI Barter), über die im Internet viele kritische Infos zu finden sind. In Spanien ist Truekalia Iberica SL die führende Barterorganisation mit 90.000 Firmen.

Nachteil der großen Barterorganisationen ist, dass sie keine Gemeinwohl-Orientierung und keine demokratische Transparenz haben. Sie zielen meist nur auf Großunternehmen und stärken weder Regionen noch soziale Strukturen. Eine neuere Entwicklung ist „**Social Barter**", wo auch VerbraucherInnen einbezogen und soziale Ziele verfolgt werden (eine Annäherung an Tauschkreise). Die Verbindung zwischen Barter Trading und sozialen Komplementärwährungen war auch Titelthema der letzten Jahrestagung der **IRTA** (International Reciprocal Trade Association) in Florida. In vielen Ländern Europas sind inzwischen erfolgreich „Social Barter" Projekte gestartet. Eines davon ist die Initiative **TauschMitUns!** von EBB Euro Barter Business, die auch **EBB&more**, ein Rabattsystem für Kleinst- und Mittelbetriebe aufbaut.

Interessant für die nachhaltige Stärkung der Regionen sind Barterringe für **kleine und mittleren Unternehmen** und kombinierte Systeme.

Social Barter - Einbeziehung von Privatpersonen

Bartern = Tauschen:
- » Tauschringe für Unternehmen
- » traditionsreicher Tauschhandel
- » seit Anfang 19. Jhdt. USA
- » vor allem in Krisen (1929-1934)

Daten 2007:
- » ca. 600 Mrd. US$ pro Jahr (ca. 25-30% des Welthandels)
- » Tendenz steigend
- » Zulauf wegen Hürden bei Kreditvergabe (Basel II)

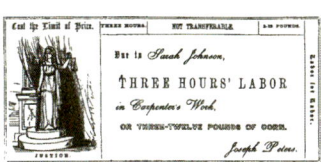

„Labor for Labor" Cincinnati Time Store (USA 1827)

Barterorganisationen:
- » ca. 700 weltweit
- » USA 450 mit 600.000 Unternehmen
- » Europa 120 mit 300.000 Partnern
- » Deutschland 5 Organisationen
- » Österreich 1 Organisation

International Reciprocal Trade Association

Beurteilung:
- » sehr viele Vorteile
- » Stärkung der Regionen durch Bartern von kleinen und mittleren Unternehmen (KMU)
- » am besten kombinierte Systeme

Nachteile:
- » keine Gemeinwohl-Orientierung
- » keine demokratische Transparenz
- » keine Stärkung der Region oder sozialer Strukturen

Social Barter:
- » neue Entwicklung
- » soziale Zielsetzungen
- » Einbeziehung von Verbrauchern
- » Titelthema bei IRTA Jahrestagung

EBB Euro Barter Business:
- » Ausweitung auf Social Barter
- » **TauschMitUns!** für Privatpersonen
  Internet: *www.tauschmituns.de*
- » **EBB&more** Rabattsystem mit Bonuskarte für Kleinst- und Mittelbetriebe - im Aufbau
  Internet: *www.ebbandmore.com*

B WIR-Bank (WIR-Wirtschaftsring Schweiz)

Der **WIR-Wirtschaftsring Schweiz** (heute WIR-Bank) ist einer der ältesten Barter-Ringe der Welt. Er entstand 1934 am Höhepunkt der Weltwirtschaftskrise aus der Freiwirtschaftslehre. Alle anderen Ringe in Europa überlebten nur kurz: Entweder hatten sie rechtliche Probleme, gingen in Konkurs oder verloren mit Ende der Krise ihre Bedeutung.

Die **freiwirtschaftlichen Ideale** gab man in den 50ern auf (die Nichtverzinsung des Genossenschaftskapitals und nie umgesetzte Umlaufsicherung). Ein Element der Freigeldlehre blieb und trägt dazu bei, den Umlauf in Schwung zu halten: WIR-Kredite kosten Gebühren, doch WIR-Guthaben bringen keine Zinsen. Unternehmer haben also Interesse, WIR schnell auszugeben (vor dem Euro). WIR ist somit ein reines Zahlungs-, **kein Wertaufbewahrungsmittel**. Auch dem solidarischen Kerngedanken blieb man stets treu: Bis heute bietet die WIR-Bank nur Mittelständlern (unter 200 MitarbeiterInnen) die äußerst günstigen WIR-Kredite an (unter bestimmten Bedingungen fast zinsfrei).

Das besondere am WIR-Ring ist, dass er zugleich eine **Bank** ist und seit 1999 kombinierte Kredite und Zahlungen in WIR und Franken anbietet. WIR läuft nicht in bar um, ist also reines Buchgeld. Bezahlt wird über Buchungsbelege (Durchschläge für Bank, Empfänger und Aussteller), Electronic Banking, WIR-Karte und Vergütungsauftrag. Den maximal akzeptierten WIR-Anteil legt jede Firma selbst fest.

Da die WIR-Bank Geld schöpfen kann, kostet eine **WIR-Hypothek** nur 1,75% Zinsen. Die gesamte Zinsbelastung liegt damit weit unter dem marktüblichen Zins (Elisabeth Gründler). Da der Hauseigentümer die WIR-Hypothek in WIR zurückzahlen muss, braucht er WIR-Einnahmen und sucht z.B. einen Mieter, der die Miete in WIR zahlt. Dieser hat nun ebenfalls einen Bedarf an WIR-Einnahmen... Durch die geschlossenen Kreisläufe stärken sich die Mitglieder gegenseitig. Vorteile haben aber nur die, die im Inland agieren (wie das Baugewerbe) - ein starker Gegenpol zur Globalisierung. WIR hat eine nachgewiesen **starke antizyklische Wirkung**, d.h. dass WIR in Phasen wirtschaftlicher Rezession stärker genutzt wird als im Boom. WIR unterstützt damit die wirtschaftliche Stabilität. Die Zweitwährung ist keine Konkurrenz zum Franken (Kennedy & Lietaer).

Ein **Problem** ist, dass manchen Firmen die Auswahl an Anbietern zu begrenzt ist, sie ihre WIR-Einnahmen nicht absetzen können und mit Abschlag in Franken umtauschen wollen. Seit 1973 ist dies satzungsgemäß verboten und mit dem Ausschluss geahndet. Dennoch ist im Internet ein Graumarkt für WIR mit bis zu 30% Verlust entstanden.

Mittelstand und wirtschaftliche Stabilität fördern

WIR-Bank (WIR-Wirtschaftsring Schweiz):
» gegründet 1934 von Werner Zimmermann
» Barter-Ring-Genossenschaft mit Banklizenz
» nur für kleine und mittlere Unternehmen (KMU)
» elektronisches Geld 1:1 an Franken gebunden (nicht umtauschbar, Verkauf verboten)
» sehr niedrige Zinsen (teils zinsfrei)
» Internet: *www.wir.ch*

Daten 2006:
» ca. 68.000 Mitglieder (23% der KMU)
» Bilanzsumme über 3 Milliarden Franken (2002 1,69 Mrd., 2003 >2 Mrd.)
» ca. 8.500 Annahmestellen für die WIR-Karte

Geschichtliche Entwicklung:
» 1934 WIR-Wirtschaftsring Genossenschaft am Höhepunkt der Weltwirtschaftskrise basierend auf der Freiwirtschaftstheorie
» 1936 dem Schweizer Bankengesetz unterstellt
» 1948 Aufgabe der Umlaufsicherung
» 1952 Distanzierung von der Freigeldtheorie, Verzinsung des Genossenschaftskapitals
» 1952-1988 intensives Wachstum (Filialnetz)
» 1998 Umbenennung in WIR-Bank
» 1999 kombinierte Kredite und Zahlungen in WIR und CHF, elektronische Abrechnung
» 2000 Öffnung für Privatkunden
» 2004 Internat. Währungscode CHW
» 2006 ÖKO-Kredit zu 1% Zins (für erneuerbarer Energien)

Beurteilung:
» Vorteile nur für im Inland tätige Firmen
» stärkt die Schweizer Mittelständler
» stabilisiert die Wirtschaft in Krisenzeiten
» Problem: WIR-Graumarkt (30% Verlust beim Umtausch in Franken)

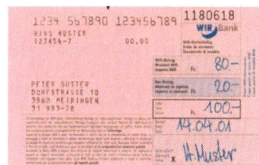

B RES EURO - Hét andere Geld (Belgien)

Nachdem **Walther Smets** sehr schlechte Erfahrungen mit unserem Finanz- und Wirtschaftssystem gemacht und seine Firma verloren hatte, lieh er sich bei Freunden und Bekannten 150.000 Euro und gründete 1996 das komplementäre Währungssystem **RES EURO - Hét andere Geld**, einen Barter-Ring für lokale Firmen in ganz Belgien.

RES EURO ist zinsfreies elektronisches Geld, 1:1 an den Euro gebunden und nicht in Euro umtauschbar. RES ist mittlerweile eine vollständige Bank mit offizieller Banklizenz, Kundenkarte, SMS- und Telebanking. Im Jahr 2006 beteiligten sich mehr als 5.000 Händler und Selbstständige und 85.000 VerbraucherInnen. RES erzielte 2006 einen Umsatz von 30 Mio. Euro (im Schnitt 1.000 Euro pro Geschäft und Monat). Das System entwickelt sich sehr dynamisch. Die Umsätze in der Region Brüssel stiegen z.B. von 2006 auf 2007 um 41,68% (von 2,43 Mio. auf 3,44 Mio. RES EURO).

Seit 2003 gibt es das **RES PLUS Rabattsystem** für VerbraucherInnen mit einer Spar- und Zahlkarte. Für Einkäufe bei teilnehmenden Betrieben, die man in Euro bezahlt, erhält man einen Rabatt in Form von RES EURO (1 bis 20%). Damit kann man bei den Firmen des Barter-Rings einkaufen, welche die RES PLUS Karte akzeptieren. Restaurants und Hotels akzeptieren immer den vollständigen Betrag in RES EURO. Geschäfte akzeptieren entweder 25, 50, 75 oder 100% des Einkaufs, bei größeren Beträgen (z.B. Autokauf) meist nur 25%. Den Restbetrag muss man in Euro bezahlen. Dies bringt den beteiligten Firmen zusätzliche Umsätze in RES EURO und in Euro.

Die **RES PLUS Karte** für VerbraucherInnen ist kostenlos und in ganz Belgien gültig. Als Unkostenbeitrag werden 2,5 RES EURO pro Jahr abgerechnet. Wenn die Karte 2 Jahre lang nicht benutzt wurde, wird sie ungültig und verliert ihren Wert (eine Art Umlaufsicherung). Nur ca. 30% der teilnehmenden Firmen können **Rabatte** gewähren. Bisher wurden 1,8 Mio. Euro an Rabatten gewährt, davon aber nur 65% eingelöst. Kunden lösen Rabatte meist erst ein, wenn sich 30-50 Euro angesammelt haben (Walther Smets).

Das besondere an RES ist die **erfolgreiche Kombination** eines Barter-Rings für Kleinst- und Mittelbetriebe mit einer Rabattkarte, die sehr viele KundInnen für das „Andere Geld" gewinnt. Walther Smets plant, das elektronische Geld nun auch in Form von **Gutscheinen (Regiogeld)** auszugeben.

RES PLUS Rabattsystem für Verbraucher

RES EURO – Hét andere Geld:
» gegründet 1996 von Walther Smets
» Barter-Ring für lokale Firmen in ganz Belgien
» zinsfreies elektronisches Geld 1:1 an Euro gebunden (nicht umtauschbar)
» vollständige Bank (Lizenz, SMS-, Telebanking)
» Internet: *www.res.be* und *www.resplus.be* (Deutsch)

Daten im Jahr 2006:
» 5.000 Händler und Selbstständige
» 85.000 Verbraucher
» Jahresumsatz 30 Mio. Euro (1.000 Euro je Geschäft+Monat)

RES PLUS Rabattsystem:
» nutzen ca. 30% der Händler
» bisher 1,8 Mio. Euro Rabatte
» davon nur 65% eingelöst

Weiterentwicklung:
» Gutscheinsystem (Regiogeld)

Beurteilung:
» erfolgreiche Kombination von Barterring mit Rabattkarte

Walther Smets, Foto: RES EURO

B Anhalt Dessau AG - Dessauer Modell

Die **Initiative Dessau - Arbeit für Anhalt** entstand im Jahr 2000 (94 Mitglieder aus öffentlichen Einrichtungen, Unternehmerverbänden, Gewerkschaften, Stadträte, Abgeordnete, Wissenschaftler etc.). Zusammen mit engagierten BürgerInnen gründete sie im September 2004 die Anhalt Dessau AG (50 Aktionäre). Das Projekt erhielt Fördermittel aus der Sozialinitiative Equal des EU-Sozialfonds.

Das „**Dessauer Modell**" basiert auf fünf Säulen:
» DeMark: leistungsgedecktes Regiogeld (48 Akzeptanzstellen)
» Mitteldeutscher Barterring (225 Unternehmen)
» Dessauer Tauschring für Privatpersonen (Ascania)
» RegioCard (16 Akzeptanzstellen): später als Bonuskarte genutzt
» Regionalfond für die Finanzierung regionaler Projekte und Unternehmen, soll schrittweise aus den Euro-Einnahmen der DeMark entstehen und evt. in eine Bürgerstiftung umgewandelt werden.

Die **Verrechnungseinheiten** heißen Barter, Talente und DeMark (DeM) und entsprechen einem Euro. Einzige Ausgabestelle (DeM-Wechselstube) ist das „Alte Bahnhofspostamt", der Sitz der Anhalt Dessau AG.

DeMark sind leistungsgedeckte Gutscheine, die ab Ausgabe 4 Monate gültig sind (Lochung). Nach Ablauf der Lochung verliert die DeM monatlich 10% ihres Nennwerts. DeM können mit einer Gebühr von 10 Cent pro Schein auf dem Barter- oder Talente-Konto gutgeschrieben oder in neue DeM umgetauscht werden (nicht in Euro). Abgelaufene DeM werden nur mit dem verringertem Wert angerechnet. DeMark können mit 10% Rabatt gekauft (110 DeM für 100 Euro), vom Barter- (95 DeM für 100 Barter - 5% Provision) oder vom Talente-Konto behoben werden (100 DeM für 100 Talente). Die Provision für Barterbuchungen beträgt 5%, die Mitgliedsgebühr im Tauschring 1 Talent pro Monat.

Das „Dessauer Modell" kombiniert viele Arten komplementärer Währungen zu einem umfangreichen und sinnvollen **Gesamtmodell**. Auch die **Lochung** der Gutscheine ist innovativ und erspart die Klebemarken. Nachteil ist der 3x so häufige Umtausch der Scheine. Um den **Druckkostenanteil** (im Mittel 7-9% des Nennwerts der Regiogelder) zu verringern, wurde ein 2-Farbdruck gewählt. **Nachteilig** ist, dass als Wertbasis der Euro gewählt wurde. Beim Zusammenbruch von Dollar/Euro sollte auf eine Stunde private Arbeitszeit umgestellt werden (ein Talent als Wertbasis von DeM und Barter). Dem Modell fehlt auch ein Zeitsparmodell, das aber ohne Zeit als Wertbasis (Inflationsanpassung) ebenfalls nicht sinnvoll ist.

Ein umfangreiches und sinnvolles Gesamtmodell

DeMark (Anhalt Dessau AG):
- » gegründet 2004 (50 Aktionäre)
- » Equal-Projekt (EU Sozialfond)
- » Internet: *www.ini-dessau.de* bzw. *www.dessau-ag.de*

„Dessauer Modell":
- » Regiogeld (DeMark)+
- » Barterring (Barter)+
- » Tauschring (Talente)+
- » Regiocard +
- » Regionalfond
- » 1 Barter = 1 Talent = 1 DeMark = 1 Euro

Daten 2007:
- » 94 Mitglieder i.d. Initiative
- » 225 Unternehmen (Barter)
- » 48 Akzeptanzstellen DeM
- » 16 Akzeptanzstellen Regiocard

DeMark (DeM):
- » leistungsgedeckt
- » 4 Monate gültig (Lochung)
- » dann 10% Wertverlust/Monat
- » 10% Rabatt (110 DeM f. 100 Euro)
- » von Barter-/Talente-Konto beheb- und einzahlbar
- » Barterprovision von 5%

Beurteilung:
- » umfangreiches und sinnvolles Gesamtmodell
- » Lochung spart Klebemarken

„Geld und damit Liquidität bleiben in der Region. Wertschöpfung passiert für und in der Region... Regiogeld unterstützt eine Wirtschaftskultur, die auf Kooperation und nicht auf Konkurrenz aufbaut... Regiogeld löst die Abhängigkeit von globalen Tendenzen auf, stärkt die regionale Ökonomie und Identität."
Slogans der Anhalt Dessau AG

C Sonstige Systeme: City- und RegioCards

City- oder Regiocards sind Rabattsysteme, die auch als Loyalty- oder Payback-Karten (Treue- oder Bonuskarten) bezeichnet werden. Sie haben eine große Verbreitung und ein großes Potenzial. Sie helfen, die **regionalen HändlerInnen** (Innenstadt) gegenüber den großen Discountern zu stärken. Sie erreichen aber keine Stärkung regionaler ProduzentInnen, nachhaltigere Produkte oder den Aufbau regionaler Netzwerke.

Die **Altöttinger CityCARD** des Altöttinger Wirtschaftsverbandes gibt es seit 1992 und hat bis Ende 2006 ca. 23.000 Karten in Altötting und Umgebung ausgegeben. Die Karte ist für die Kunden kostenlos, die Kosten tragen die Firmen (monatlich 75 Euro). Sie wird von 60 Firmen in der Altöttinger Innenstadt akzeptiert und bei fast jedem 2. Einkauf genutzt (bisher 700.000 Transaktionen). Pro Einkauf erhält man unterschiedlich viele Bonuspunkte, mit denen man bei den Betrieben wieder bezahlen kann (1 Punkt = 1 Cent). Bisher wurden ca. 500.000 Euro Rabatte vergeben und eingelöst. Umgelegt auf die Größe der Stadt, ist die Karte absoluter Spitzenreiter in Deutschland.

Grund für den Erfolg ist das **vorbildliche Marketing**: Sonderprämien für Bonuspunkte, Nachlässe bei sog. „MehrwertpartnerInnen", Verlosungen attraktiver Preise (Glücksrad-Aktionen), doppelte Punktezahl an verkaufsoffenen Sonntagen, 2000-Punkte-Einkauf (Verlosung zahlreicher Preise für Einkäufe über 2000 Punkte) sowie „Events". Vor kurzem wurde das System um Geschenkgutscheine erweitert.

Die **Weyhe-Stuhr-Syke-Card** (WSS-Card) ist in den 3 gleichnamigen Gemeinden bei Bremen gültig. Es ist eine kostenlose Bonuskarte, die 2003 von Wilfried Wöhlke gestartet wurde. Der Rabatt beträgt 2% (200 Punkte pro 1 Euro Einkauf). Bei 50.000 Punkten (250 Euro Umsatz) erhält man einen 5 Euro Regio-Gutschein per Post. Es gibt Geschenkgutscheine über 5, 10 und 20 Euro, die auch gekauft oder von den Firmen verschenkt werden können. Mit Ende 2007 gibt es 140 Akzeptanzstellen, die bei Bezahlung mit der Karte auch direkte Rabatte geben können.

Der Jahresumsatz lag 2006 bei 6,4 Mio. Euro (Zuwachs 5,8%). Knapp 20.000 KartenbesitzerInnen nutzen sie (Zuwachs 20%), das sind 2/3 der ausgegebenen Karten (Dagmar Heidtmann). Nach einem Vortrag von Martin Schmidt-Bredow plant Wilfried Wöhlke nun die Umwandlung der Regio-Gutscheine in Regiogeld (**WSS-Taler**).

Ausgenommen von Rabatten sind Waren mit Preisbindung (Bücher, Zeitschriften, Tabakwaren, Toto/Lotto, verschreibungspflichtige Medikamente, Bahnfahrkarten, Linienflüge) und derzeit auch Tchibo-Artikel, Telefonkarten, Pfand und Kraftstoffe.

Altöttinger CityCARD - Weyhe-Stuhr-Syke-Card

Beurteilung Allgemein:
» fördert regionale Händler
» aber nicht die Produzenten
» kein Aufbau von Netzwerken

Altöttinger CityCARD (Bayern):
» seit 1992
» Altöttinger Wirtschaftsverband
» Sammeln von Bonuspunkten
» Bezahlen mit Punkten (= 1 Cent)
» *www.altoettinger-citycard.de*
  Daten Ende 2006:
» 60 Firmen, 23.000 Karten
» bisher 700.000 Transaktionen
» bisher 500.000 Euro Rabatt
  Vorbildliches Marketing:
» Sonderprämien von Unternehmen
» Nachlässe bei „Mehrwertpartnern"
» Verlosungen (Glücksrad)
» 2000-Punkte-Einkauf etc.

Weyhe-Stuhr-Syke-Card (bei Bremen):
» seit 2003
» Initiator: Wilfried Wöhlke
» CityCard plus Gutscheine
» Bonussystem mit 2% Rabatt
» 5 Euro Gutschein bei 250 Euro Umsatz
» Geschenkgutscheine 5, 10, 20 Euro
» teils direkte Rabatte
» *www.weyhe-stuhr-syke-card.de*
  Daten 2006/2007:
» 140 Geschäfte in 3 Gemeinden
» 20.000 Nutzer (Zuwachs 20 %)
» Jahresumsatz 6,4 Mio. Euro (+5,8%)
  Weiterentwicklung:
» Regiogeld (WSS-Taler)

C Alternative Banksysteme

Die JAK Medlemsbank ist eine **gemeinnützige Mitgliedsbank**, bei der jedes Mitglied ein Stimmrecht hat. Sie hat geringe Sach- und Personalkosten, verzichtet auf Prachtbauten, nutzt das Internet und die Postgiroämter. Sie verzichtet auf kostspielige Werbung, da die meisten Kunden durch Empfehlungen kommen. Ziel ist eine „rättvis Ekonomi", was mehrdeutig billige, ehrliche oder faire Ökonomie heißt. Die Bank besteht seit 1965, hat 33.000 Mitglieder (ca. 12% Zuwachs pro Jahr) und 600 aktive Förderer. Die Einlagen betrugen 2007 etwa 87 Mio. Euro (ca. 10% Zuwachs pro Jahr). Seit 1997 hat JAK eine Banklizenz.

Alle Kredite werden aus den Einlagen der Mitglieder finanziert, die **unverzinst** sind. Dies ermöglicht die Vergabe von fast zinsfreien Krediten (Risiko- und Bearbeitungsgebühr von ca. 1-2%). Andere Kredite kosten in Schweden das 4-5 fache (höhere Zinssätze als bei uns). Einlagen und Kredite halten sich immer die Waage. JAK ist bekannt für die Sicherheit und die unübertroffen geringe Zahl „fauler" Kredite (Kennedy & Lietaer). Wie läuft der **„ausgeglichene Sparkredit"** ab:

» **Vor-Sparen**: Vor dem Kredit muss man mehrere Monate ansparen.

» **Tilgen und Sparen**: Während der Laufzeit des Kredits muss man tilgen und zugleich ein Guthaben in gleicher Höhe ansparen, das an andere verliehen werden kann. Dies ist die eigentliche Innovation!

» **Nach-Sparen**: Nach der Tilgung muss man mehrere Jahre sparen.

» **Guthaben**: Am Ende kann man das gesparte Guthaben in gleicher Höhe des ursprünglichen Kredits beheben. Die meisten Kunden belassen es aber bei der Bank, da die Begeisterung für das zinslose, gemeinnützige System groß ist. Man verzichtet auf die geringen Zinsen bei anderen Banken und hat lieber Sicherheit.

» **Sparpunkte**: Statt Zinsen erhält man von nun an Sparpunkte, die man an Kinder oder Freunde, die einen Kredit benötigen, verschenken kann. Diese müssen dann nur mehr kurz vor- oder nachsparen, da man dies schon für sie getan hat.

Ein Problem ist, dass Banker JAK nutzen, um günstig an Spekulationskapital zu kommen. Regiogeld würde davor schützen.

Trotz Anfragen von Margrit Kennedy und der **GLS Gemeinschaftsbank** (Deutschland), ist die JAK Bank nicht bereit, ihre Tätigkeiten in andere Länder auszudehnen oder ihr Kalkulationssystem weiterzugeben.

Thomas Fuchs, Vorstandsmitglied im Förderungsverein der Primärbanken und langjähriger **Raiffeisenbank**-Direktor hatte in den 50ern die Unterlagen des Wörgler Freigeldes von 1932 gesichtet und bewundert. Er hat später ein JAK-ähnliches **0-Zins-Modell** entwickelt, das in der Raiffeisenbank leider nicht umgesetzt wurde.

JAK Mitgliedsbank (Schweden)

JAK Medlemsbank (Schweden):
- seit 1965 (seit 1970 zinsfreie Kredite)
- gemeinnützige Mitgliedsbank
- geringe Sach- und Personalkosten
- Vergabe fast zinsfreier Kredite (Bearbeitungsgebühr 1-2%)
- sehr hohe Sicherheit
- Internet: *www.jak.se* (teils auch in Deutsch)

Daten 2007:
- 87 Mio. Euro Einlagen (ca. 10% Zuwachs pro Jahr)
- 33.000 Mitglieder (ca. 12% Zuwachs pro Jahr)

Ähnliche Versuche:
- GLS Gemeinschaftsbank
- Raiffeisenkasse Unterinntal Tirol „Zins unter 1%" (Direktor Thomas Fuchs)

Foto: JAK Medlemsbank

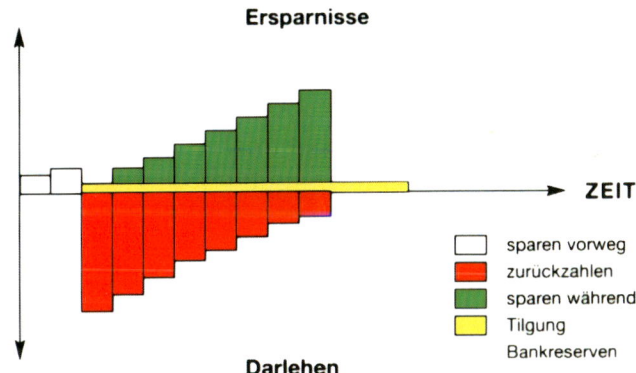

Ablaufschema „Der ausgeglichene Sparkredit"
Quelle: Kennedy & Lietaer (mod.)

„In Schweden gelang es der JAK-Bank, viel Geld in die Regionen zu bringen und damit die Abwanderung in die Ballungszentren zurückzuhalten."
Thomas Fuchs, langjähriger Raiffeisenbank-Direktor

C Regional- und Primärbanken kontra „Basel II"

Auch das ursprüngliche Konzept von **Friedrich Wilhelm Raiffeisen** (1818-1888) lässt sich als alternatives Banksystem bezeichnen. Die Raiffeisenbanken haben sich heute nur sehr weit von der Raiffeisen-Idee entfernt. Das Ziel war damals ähnlich wie bei Regiogeld heute: Selbsthilfe, Selbstverantwortung, Selbstverwaltung, Solidarität, Wohlstand der Bürger vermehren und gerecht verteilen (Christian Gelleri).

Grundsätzlich eignet sich eine regionale Bank als **Ergänzung zu vielen Regionalwährungen**. Wichtig wäre es eine Bank zumindest als Ausgabestelle zu gewinnen (wie die die Raiffeisenbank Riedering für den Chiemgauer). Auch das Bethel-Geld in Bielefeld wird von der Sparkasse in Umlauf gebracht. Die **Sparkasse Delitzsch-Eilenburg** bei Leipzig hat die Ausgabe eines eigenen Regiogeldes geplant. Die Sparkasse Barnim hat sich bereit erklärt, nach 4-5 Jahren Einführungszeit die Regio-Initiative Uckermark um die Kreditvergabe zu erweitern. Es könnten 20% der Euroreserven verliehen werden, ohne die Deckung zu gefährden (Karkuschke & Fischer).

Banken können aber auch **Kredite in komplementären Währungen** vergeben und haben dabei viel Gestaltungsspielraum, da sie nicht an die Vorgaben der Zentralbank gebunden sind. Es können **zinsfreie Darlehen** gewährt werden. Die Prüfung der Kreditwürdigkeit kann statt den gesetzlichen Vorgaben unbürokratischen Methoden folgen, die sich bei Kleinkrediten bewährt haben (Karkuschke & Fischer).

Die neuen Bankrichtlinien **„Basel II"** wurden für internationale Großbanken gefordert, in Europa - im Gegensatz zur USA - aber auch für kleine Sparkassen, Raiffeisen- und Volksbanken (sog. **Primärbanken**) umgesetzt. Dadurch erhalten Großunternehmen mit guten Bonitäten (u.U. über Bilanztricks) günstige Kredite, während Kleinunternehmer schwerer zu Geld kommen und viel höhere Zinsen zahlen. Auch die Primärbanken geraten durch die Überbürokratisierung in Not. Der **Förderungsverein der Primärbanken** hat als einzige Bankenvertretung seit Jahren bei allen relevanten Organisationen Ausnahmen für Primärbanken gefordert (Thomas Fuchs). Es werden auch wesentlich höhere Sicherstellungen gefordert. Alle laufenden Kredite müssen auf Basel II umgestellt werden, sodass die **Sicherstellungen** oft nicht mehr ausreichen, Kredite gekündigt und zurückgefordert werden.

„Basel II bewirkt, dass viele klein- und mittelständische Betriebe in Not geraten, wenn ihnen die Banken die Kredite verweigern, obwohl sie seit Jahren persönlich bekannt und geschätzt sind. Sie werden ein Opfer dieses auf Großunternehmen ausgerichteten Systems." **Thomas Fuchs**

Kreditgenossenschaften und die Raiffeisen-Idee

Kreditgenossenschaften:
» heute ca. 330.000 in aller Welt
» Hermann Schulze-Delitzsch:
   erste 1849 in Delitzsch und Eilenburg
» Friedrich Wilhelm Raiffeisen:
   1864 Darlehenskassenverein Heddesdorf
   30-Jährige Entwicklungsphase

Parallelen mit Regionalwährungen:
» Selbsthilfe - Selbstverwaltung
» Solidarität - Wohlstand gerecht verteilen
» Verarmung der Landwirte mildern
» Unabhängigkeit vom „Zinswucher"

Förderungsverein der Primärbanken:
» regionale Banken wichtig für Mittelstand
» Internet: *www.primaerbanken.at*

Richtlinien zur Kreditvergabe „Basel II":
» für Großbanken und Megakredite (USA)
   bei uns Regionalbanken und Kleinkredite
» vielfach höherer Verwaltungsaufwand:
   höhere Kosten für Kleinkredite
» hohe Zinssätze für Klein-, niedrige
   für Großunternehmen (Bonitäten)
» Umstellung laufender Kredite auf Basel II
   höhere Sicherstellungen
   Kündigung und Rückforderung

Hermann Schulze-Delitzsch (1808-1883)

Friedrich Wilhelm Raiffeisen (1818-1888)

In einer Zeit, in der sich die Bauern mühsam vom Frondienst freizukaufen versuchten und in die Schuldenfalle tappten, entstanden anfangs „Brodvereine", in denen sich Wohlhabende solidarisch mit den Ärmsten zeigten. Später entstanden Vereine auf Gegenseitigkeit mit Einbeziehung der breiten Bevölkerung in das Sparen und Kreditgeben, bis sich 1849 die erste Kreditgenossenschaft der Welt gründete (allgemeines Stimmrecht). Raiffeisen-Genossenschaften brauchten 30 Jahre, bis sie eine Relevanz erreichten.

„Solange es Menschen gibt, die regional denken, braucht es Banken, die regional handeln!" **Thomas Fuchs, langjähriger Raiffeisenbank-Direktor**

Teil V: Ein komplementäres Gesamtmodell

Teil V
Ein komplementäres Gesamtmodell
Gemeinsam neue Wege gehen

Wie Teil IV gezeigt hat, entwickeln sich die meisten Systeme im Laufe der Jahre in eine ähnliche Richtung - ein **komplementäres Gesamtmodell**: eurogedecktes Regiogeld ergänzt leistungsgedeckte Gutscheine (VolmeTALER) oder Tauschsysteme (Sterntaler), Barterringe beziehen Privatpersonen ein (Social Barter), ergänzen Regiocards (RES Euro) oder eine Banklizenz (WIR-Bank), Regiocards ergänzen Gutscheinsysteme oder Regiogeld (WSS-Card), Zeitsparmodelle ergänzen Nachbarschaftshilfe und beziehen Firmen mit ein (Fureai Kippu), Tauschkreise nutzen Regiogeld, beziehen Firmen ein und entwickeln Zeitsparmodelle (Vorarlberg)...

Auch auf regionaler Ebene hat Geld verschiedene Funktionen zu erfüllen (vergleiche die Geldökologie von Richard Douthwaite). Es gibt auch hier nicht DAS beste Regiogeld oder eine einzige Lösung. Einerseits muss jedes Regiogeld auf die Bedürfnisse der Region zugeschnitten sein. Andererseits gibt es viele Grundfunktionen, die nicht nur von einer einzigen Währung erfüllt werden können.

Nach Erfahrungen in aller Welt ist für den **Erfolg** komplementärer Währungssysteme weniger der Aufbau des Systems entscheidend, sondern die **Professionalität** der Umsetzung, **Marketing**, Finanzierung und Eigenständigkeit, zielgerichtete Planung und deren konsequente Umsetzung vor allem in der Startphase (Gernot Jochum-Müller). Die Anzahl unprofessionell geführter und wenig erfolgreicher Komplementärwährungen ist leider vielfach größer als die der erfolgreichen.

Gemeinsam neue Wege gehen

» Module des Gesamtmodells	130
» Verrechnungseinheit und Wertbasis - Zeit als „Währung"	132
» Geldschöpfung und rechtliche Fragen	134
» Kooperation statt Konkurrenz	136
» **TIME**SOZIAL - Sozialökologische Wirtschaftspartnerschaft	138
» Zukunftsvision und Nachwort	140

Gründe für komplementäre Systeme:
- » Abfluss der Wertschöpfung
- » sinkende Reallöhne
- » immer mehr Billigjobs („Working Poor")
- » Überschuldung von Privatpersonen
- » Zunahme armutsgefährdeter Menschen
- » Instabilität des internationalen Finanzwesens
- » Unsicherheiten in der Weltwirtschaft
- » sinkende Steuereinnahmen und Sozialausgaben
- » sinkender Handlungsspielraum der Öffentlichen Hand
- » Gefährdung von Mittelstand und Landwirtschaft
- » fehlende Sicherstellung der Grundversorgung

Potenziale komplementärer Systeme:
- » bis 30% der Familieneinkäufe regionale Produkte
  bis 50% aller Produkte könnten regional produziert werden
  bis 80% im Inland produziert (derzeit ca. 15%)
- » ca. 50% der Bevölkerung erwerbslos
  ca. 25% der Bevölkerung könnte aktiviert werden
  Tendenz steigend (Überalterung, Arbeitslosigkeit)
- » ca. 30-40% Zinskosten in den Produkten
- » „Zeitgeld" kann selbst geschöpft werden
- » Aufbau sozialer Netze
- » enge wirtschaftliche Beziehungen
- » bisher ungeahnte Synergien und Stabilität

Der einzige Ort, an dem wir aktiv werden und Erfolg versprechende Projekte umsetzen können, ist die Region, in der wir leben, unsere Heimat.

„Die Zukunft des Geldes wird sich nicht um Inflation oder Deflation drehen und nicht um feste oder schwankende Wechselkurse, um Goldstandard oder Papiergeld, sondern um die Frage, in welcher Gesellschaft das Geld gelten soll." **Georg Simmel, 1901**

Module des Gesamtmodells

Es kristallisieren sich folgende Module eines größeren komplementären Währungs- und Wirtschaftssystems heraus:

» **Tauschkreis (Nachbarschaftshilfe)**: Die optimale Währung für soziale Zwecke ist eindeutig Zeit, also die Abrechnung von Stunden (für eine Stunde Hilfe wieder eine Stunde Hilfe zu bekommen).

» **Barterring**: Bartern hat zahllose Vorteile, vor allem die Möglichkeit der Geldschöpfung durch gegenseitige Kreditvergabe.

» **RegioCard**: Ein elektronisches Rabattsystem mit gutem Marketing scheint optimal zu sein, möglichst viele Verbraucher anzusprechen und die regionalen Händler zu stärken.

» **Eurogedecktes Regiogeld** ist in Euro umtauschbar und scheint in der Startphase optimal zu sein, um viele Firmen und das Vertrauen der Verbraucher zu gewinnen. Die Rücktauschgebühr ermöglicht die Einbeziehung gemeinnütziger Vereine als wichtige Werbeträger.

» **Leistungsgedecktes Regiogeld** spielt sein volles Potenzial (Geldschöpfung bei einfacher Verwaltung) erst dann aus, wenn sich viele Unternehmen beteiligen (mehrere hundert aufwärts). Auch das Vertrauen in die Gutscheine muss erst geschaffen werden.

» **Zeitsparmodelle** bieten als inflations- und krisensichere Altersvorsorge das größte Potenzial aller Komplementärwährungen und eine Lösung für die Überalterung (siehe Japan). Bestehende Hilfsorganisationen sollten eingebunden und Euro-Einnahmen und Sicherung der Zeitguthaben den Kommunen überlassen werden.

» **Infrastruktur**: Für die Unabhängigkeit einer Region sind nachhaltige Investitionen nötig, vor allem in **Ökoenergie**. Da Technik von außen zugekauft werden muss und diese langfristigen Investitionen durch Zinsen zu sehr belastet wären, sind zinsfreie Euro-Kredite nötig.

» **Regionalfonds**: Aus den Rücklagen des Regiogeldes und des Zeitsparmodells sowie freiwilligen unverzinsten Einlagen der Mitglieder sollte ein Fonds gebildet werden, um zinsfreie Investitionen tätigen und den Mitgliedern zinsfreie Euro-Kredite anbieten zu können.

» **Regionale Bank (JAK-System)**: Um Kredite vergeben zu dürfen, braucht es natürlich eine regionale Bank. Diese müsste nach schwedischem Vorbild für die Mitglieder fast zinsfreie Kredite aus dem Regionalfonds anbieten (max. 1-2% zur Deckung der Unkosten und als Risikoprämie). Die Risikoprämie könnte später entfallen.

» **Zeitbank**: Im Zentrum des Systems steht eine Zeitwährung, die mittels **Inflationsausgleich** an den **Euro** gekoppelt ist. Begründet wird dies auf der nächsten Doppelseite.

Verschiedene Währungssysteme kombinieren

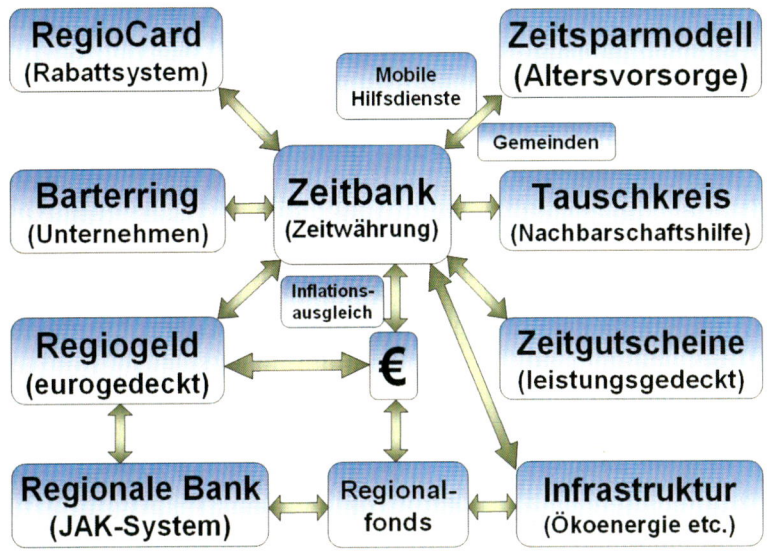

Viele Module sind **eigenständige** Währungssysteme und haben eigene Gutscheine bzw. Medien (Nachbarschaftshilfe mit Zeitgutscheinen, Buchungsbelege im Barterring, RegioCard elektronisch). Entscheidende Vorteile bringt erst ist die **Kopplung der Module**. Dazu sollte überall die gleiche Verrechnungseinheit genutzt werden - in diesem Modell eine **Zeitwährung**. Im Privatbereich (Tauschkreis) ist jede Stunde gleich viel wert. Im gewerblichen Bereich erfolgt eine Umrechnung von Zeit in Euro.

Die **Regionalabgabe** kann in leistungs- statt eurogedeckten Gutscheinen an die Vereine vergeben werden (wodurch sich Euro im Regionalfonds sammeln). Beim Kauf von Regiogeld kann ein **Bonus** in Form von Zeitgutscheinen der Nachbarschaftshilfe vergeben werden (1 h je 100 Euro). Dies verbindet die beiden Zielgruppen (viel Zeit, wenig Geld im Tauschkreis - viel Geld, wenig Zeit im Regiogeld). Jedes Modul hat eigene **Zielgruppen**, die zusammengebracht werden sollen. Trotz der Komplexität des Gesamtsystems werden die meisten NutzerInnen anfangs nur mit einem Modul (Gutschein) konfrontiert und nicht überfordert sein.

Verrechnungseinheit und Wertbasis

Die wichtigste Frage jeder Währung ist: Worauf basiert ihr Wert. Um eine echte „Währung" aufzubauen (die, wie der Name sagt, dauerhaft „währen" sollte), benötigt man eine langfristig stabile **Wertbasis**:

» Die einfachste Möglichkeit ist der **Euro** als Wertbasis. Es ist jedoch unmöglich sich von der ständigen Inflation oder einer Deflation in Krisenzeiten zu entkoppeln. Beim Zusammenbruch des Euro ist es sehr schwer, eine neue Wertbasis zu etablieren.

» Wertvolle Güter oder **Edelmetalle** als Wertbasis wären total unsinnig, da man sich von deren Verfügbarkeit abhängig macht, und das System einer großen Deflationsgefahr unterwirft (die jedoch durch eine Umlaufsicherung gemildert werden könnte).

» **Energie** (z.B. eine kWh Strom wie in japanischen WAT Systemen) ist derzeit keine stabile Wertbasis, da sie sich durch die Verknappung von Erdöl in den nächsten Jahren extrem verteuern wird. In einem Zeitalter mit nachhaltiger Energieversorgung wäre dies sinnvoll.

» Nur **Zeit** währt ewig und ist die einzige „Währung". Zeit ist auch das einzige, das alle Menschen in gleichem Maß besitzen. Ob arm, ob reich, ob in China oder Afrika, der Tag hat für jeden nur 24 Stunden. Zeit ist auch die optimale Verrechnungseinheit für soziale Zwecke.

Viele Initiativen lassen sich davon abschrecken, Zeit als Währung zu nutzen, da in der Wirtschaft nicht jede Arbeitszeit gleichwertig ist. Daher fällt zwar eine Stunde **Erwerbsarbeit** als Verrechnungseinheit aus, aber im **Privatbereich** sollte jede Stunde gleich viel wert sein. Jede Stunde, in der ich privat anderen helfe oder Leistungen erbringe, ist eine Stunde meines Lebens und somit gleichwertig mit der jedes anderen Menschen. Als dauerhafte universelle Wertbasis bietet sich also **eine Stunde Lebenszeit** an.

In der Wirtschaft muss Arbeit unterschiedlich bewertet werden (je nach Fixkosten, Ausbildung etc.) und man muss Euro-Preise in Zeit umrechnen können. Der Wert einer Stunde muss also auch in Euro festgelegt werden. Damit die Kaufkraft einer Stunde nicht durch die Euro-Inflation abnimmt, muss der **Umrechnungskurs** regelmäßig angepasst werden (**Inflationsausgleich**). Erst dadurch entsteht eine echte Zeitwährung und Zeitsparmodelle werden möglich. Nachteilig ist, dass die Umrechnung zum Euro erschwert ist. Daher sollte in der **Startphase** ein konstanter Wert gehalten werden, der einem angemessenen Stundenlohn entspricht (Vorschlag **10 Euro pro Stunde**). Optimal wäre die Anpassung über einen eigenen Preisindex (**regionaler Warenkorb**), da die offiziellen Inflationsraten zu gering angegeben sind (nicht 2%, sondern real eher bei 7-8%, 2007 noch viel höher - Stichwort „Teuro").

Zeit ist die einzige „Währung"

Wertbasis einer „Währung":
- » **Euro**: einfach, aber nicht inflations- und krisensicher
- » **Edelmetall**: völlig unsinnig, Abhängigkeit, Deflationsgefahr
- » **Energie**: z.B. kWh Ökostrom steigende Energiepreise derzeit keine stabile Wertbasis
- » **Zeit**: einzige stabile Währung Gleichheit: Tag hat für jeden 24 h optimal für soziale Zwecke

Zeit als Verrechnungseinheit:
- » **Lebenszeit**: Zeit im Privatbereich für jeden gleichwertig
- » **Umrechnungskurs**: Euro-Preise und gewerbliche Arbeit in Zeit umrechnen, Vorschlag 10 Euro/h Lebenszeit
- » **Inflationsausgleich**: regelmäßige Kursanpassung

Energie als Verrechnungseinheit:
- » WAT Systeme in Japan (kWh)
- » weltgrößte Regiogeldsysteme
- » Internet: *www.watsystems.net*

Zeitgeld ist auch psychologisch höchst interessant: Bei jedem Kauf kann ich beurteilen, wie teuer die Ware oder Leistung ist: Ein Brötchen kostet 2 Minuten meiner Zeit - Backe ich mein Brot lieber selbst? Eine Notarstunde kostet mich 15 Stunden meiner Zeit - Ist das noch gerechtfertigt? Auch Reichtum definiert sich neu: Wer viel Zeit auf seinem Konto gespart hat (also viel mehr Hilfe geleistet als beansprucht hat), ist im Gegensatz zu Geldvermögen wahrlich reich, denn er hat die Gemeinschaft bereichert und nicht sich auf Kosten der Gemeinschaft.

Geldschöpfung und rechtliche Fragen

Der entscheidende Punkt beim Geld ist die **Macht der Geldschöpfung**, nicht unbedingt die Umlaufsicherung. Jede Währung, die frei geschöpft werden kann, ist von sich aus zinsfrei - Wer Geld schaffen kann, muss sich keines leihen. Geld sollte demokratisch in den Regionen zum Wohl der BürgerInnen geschöpft werden. Jede Region sollte selbst entscheiden können, für welche Zwecke sie Geld schöpft. Das Geld gelangt in Form eines Kredits der Gemeinschaft für konkrete Projekte (Bau von Windrädern, einer Schule, Renovierung des Hallenbades, soziale Dienste...) im Umlauf und wird bei der Tilgung wieder eingezogen. Inflationsgefahr besteht auch während der „Lebensdauer" des Geldes nicht, da es durch Leistungen oder Güter gedeckt ist.

Bei der Einführung des Euro wurden die **Notgeldverordnungen** abgeschafft, denen das Schwundgeld der 30er Jahre zum Opfer fiel. Regiogeld muss derzeit von der Deutschen Bundesbank und der Österreichischen Nationalbank akzeptiert werden, auch wenn es nicht gerne gesehen wird (Rudolf Grandits, AKNÖ).

Selbst bei einem Verbot der Gutscheine kann Regiogeld auf **Wechsel** umgestellt werden, die per Gesetz kein Geld sind, aber so genutzt werden können. Auch in Jugoslawien funktionierte die gesamte Wirtschaft während des Zusammenbruchs mit Wechseln. Die Scheine müssen beim ersten Gebrauch von den zwei TauschpartnerInnen gezeichnet werden (Begünstigter und Bezogener) und können dann an andere weitergegeben werden (z.B. WAT System oder Tianguis Tlaloc).

Ob eine **Umlaufsicherung** auf Regiogeld nötig ist, bleibt fraglich. Dies macht vor allem auf der Primärwährung Sinn. Eine beschränkte Gültigkeitsdauer von 6-12 Monaten ist vermutlich als Umlaufimpuls ausreichend. Die alten Scheine könnten länger neben den neuen umlaufen, um den Umtauschvorgang zu erleichtern. Beim Umtausch in neue Scheine könnte eine Bearbeitungsgebühr von 2-3% erhoben werden.

Im Unterschied zu Deutschland dürfen in Österreich die kollektivvertraglichen **Mindestgehälter** nicht in Regiogeld bezahlt werden, sondern nur die darüber hinausgehenden Gehaltsanteile wie Gratifikationen und Prämien (Mag. Gerhard Anderl, Arbeitsrechtsexperte der AKNÖ).

Einnahmen in Regiogeld müssen prinzipiell wie Fremdwährungen versteuert werden. Die Versteuerung der **Nachbarschaftshilfe** ist in Österreich ein juristischer **Graubereich**, der noch geklärt werden muss. In Deutschland können Systeme, die vorwiegend Förderung mildtätiger Zwecke, Jugend- oder Altenhilfe verfolgen, als steuerbegünstigte Körperschaft anerkannt werden (§ 55 Abs.1 AO). In den USA sind alle Regionalwährungen von Steuern befreit.

Wechsel statt Gutschein

„Es fehlt an Geld, nun gut, so schafft es denn." **Goethe in Faust II**

Tianguis Tlaloc (Mexiko):
» Wechsel werden gezeichnet (Begünstigter und Bezogener)
» dann wie Geld weitergegeben
» Internet: *www.vidadigna.info*

Rechtliche Fragen:
» Notgeldverordnung abgeschafft
» Gültigkeitsdauer der Scheine
» Gehälter in Regiogeld: in Österreich nicht erlaubt
» Nachbarschaftshilfe:
in Österreich Graubereich
in Deutschland steuerfrei

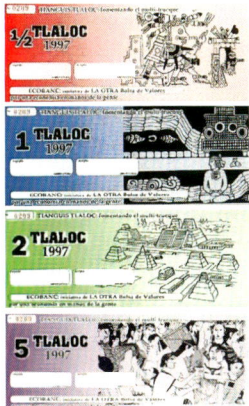

Philosophisches: Geld is(s)t Zeit

Der Zins macht Zeit zu Geld. Die Zeit ist der bedeutendste Faktor in der exponentiellen Zinseszinsrechnung, da er im Gegensatz zum Zinssatz bestimmt werden kann: Wenn Schulden rascher abgezahlt werden, sind die Gesamtkosten geringer. Jede zeitliche Verzögerung wäre ein riesiger Verlust. Daher ist jeder Unternehmer, der einen Kredit aufnimmt, dazu gezwungen, möglichst rasch Gewinne zu erwirtschaften und seine Schulden möglichst rasch zurückzuzahlen. Dies führt zur Beschleunigung unseres Wirtschaftens und Lebens.
Michael Ende hat dies im Buch „Momo" beschrieben: Die Grauen Herrn stehlen den Menschen die Zeit. Niemand hat mehr Zeit füreinander. Die Menschen opfern ihre Zeit und ihr Leben und produzieren Geld. Eine Maschine, die Zeit zu Geld macht – doch nicht zum eigenen Nutzen, sondern um die Vermögen anderer zu vergrößern. Wir leben heute tatsächlich um zu arbeiten - und arbeiten nicht mehr um zu leben. Selbst bei Naturvölkern arbeitete man (ohne Technologie) für den Lebensunterhalt nicht mehr als 2 Stunden pro Tag (Frithjof Bergmann)!
Der Zins macht aus der Zeit eine der wichtigsten und immer knapper werdenden Ressourcen. Zeit wird zur Ware. Dadurch können viele langfristige ökologische oder soziale Investitionen nicht umgesetzt werden, da die Zeit zu „teuer" geworden ist.
In einem zinsfreien System wäre Zeit im Überfluss vorhanden. Der Unternehmer könnte sich „Zeit lassen". Entscheidend wären nur die aufgewendeten Ressourcen, also Material und Arbeit. Ob diese über 5 oder 10 Jahre verteilt eingesetzt werden, spielt kaum eine Rolle.

Kooperation statt Konkurrenz

Regionalwährungen bauen Wirtschaftsnetzwerke auf, die auf **Kooperation statt Konkurrenz** setzen. Psychologische Studien zeigen, dass Kooperation, soziale Beziehungen und die Einhaltung von Vereinbarungen bis zu einer Distanz von 60 km gefördert werden (Christian Gelleri). Regionen sind daher die ideale Basis für die Einführung neuer Währungen. Wenn der Durchmesser der Region 100 km deutlich übersteigt, gehen die sozialen und ökologischen Vorteile (kurze Transportwege) verloren (Dr. Martin Demmeler). Falls ein System in größeren Regionen (einem Bundesland) startet, sollte es mit der Zeit in regionale Gruppen aufgeteilt werden (Gernot Jochum-Müller).

Die Region sollte etwa 250.000 bis 500.000 EinwohnerInnen haben, dann können etwa 50% aller Produkte regional produziert werden (Christian Gelleri). Es sollte zumindest ein großer Teil des Bedarfs an Lebensmitteln durch regionale ProduzentInnen gedeckt werden können.

Haben kooperative Systeme in der heutigen Welt überhaupt eine Chance? Die Spieltheorie (ein Zweig der Mathematik) liefert Antworten über die **Evolution der Kooperation** (Robert Axelrod):

» Kooperation kann auch in einer Welt härtester Konkurrenz in Gang gesetzt werden. Voraussetzung ist, dass eine Gruppe von Individuen mit wechselseitigem Nutzen zusammenarbeitet (Win-Win-Strategie), und nicht nur einzelne Individuen verstreut agieren.

» Wenn eine kooperative Strategie besser ist als konkurrierende, setzt sie sich langfristig durch und schützt sich selbst gegen das Eindringen weniger kooperativer Strategien.

» Ausbeuterische Strategien können nur solange überleben, bis alle ausgestorben sind, die sich ausbeuten lassen (siehe Abbildung).

» Erfolgreiche Strategien müssen freundlich, aber auch wehrhaft sein (die Sieger-Strategie TIT FOR TAT „Wir du mir, so ich dir" kooperiert grundsätzlich, schlägt aber zurück, wenn sie ausgebeutet wird).

» Kooperation wird gefördert, wenn häufige Interaktionen zwischen denselben PartnerInnen stattfinden. Große Märkte bedeuten **Anonymisierung** und verhindern Kooperation. Gammelfleischskandale sind in kooperativen Wirtschaftssystemen undenkbar.

» Das Grundprinzip der Evolution und der Natur ist Kooperation.

Moderne neurobiologische Studien (Joachim Bauer „**Prinzip Menschlichkeit**") zeigen, dass der Mensch von Natur aus auf Kooperation und positive soziale Beziehungen ausgerichtet ist. Der Sinn von Aggression besteht darin, sich gegen soziale Ausbeutung zu wehren und zwischenmenschliche Beziehungen zu stabilisieren. Auch bei der banjar in Bali und den Kerbhölzern wehrt(e) man sich gegen Betrüger.

Erfolgschancen von Kooperation

Die optimale Größe der Regionen (Dr. Martin Demmeler):
- unter 60 km Distanz:
  Förderung sozialer Beziehungen
  Einhaltung von Vereinbarungen
  ökologische Vorteile (Transportwege)
- Vorteile gehen ab 100 km aufwärts verloren
- etwa 250.000 bis 500.000 EinwohnerInnen
  ca. 50% aller Produkte regional produzierbar
- größere Gebiete in regionale Gruppen aufteilen
- Gammelfleischskandale wären undenkbar...

Evolution der Kooperation:
- auch in einer Welt härtester Konkurrenz
- Voraussetzung: nicht verstreut, sondern vernetzt, wechselseitiger Nutzen
- Kooperation setzt sich dauerhaft durch
- ausbeuterische Strategien überleben nur bis die wehrlosen aussterben
- Erfolgsstrategie: freundlich und wehrhaft
- häufige Interaktionen fördern Kooperation
- Anonymität (große Märkte) verhindert Kooperation
- Grundprinzip der Natur
- Kooperation benötigt Abwehr gegen Missbrauch
- auch die menschliche Natur basiert auf Kooperation und wehrt sich gegen Ausbeutung

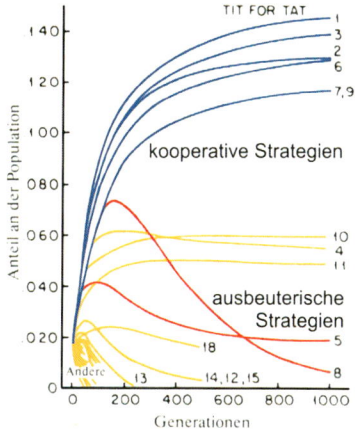

Simulation des ökologischen Erfolgs verschiedener Strategien
Quelle: Robert Axelrod (1984)

„Wenn nur fünf Prozent in einer räumlich überschaubaren Umgebung eine kooperationsorientierte Strategie anwenden, ergibt sich ein langfristig stabiler Vorteil für die Zusammenarbeitenden in einer Welt der Konkurrenz... Der wichtige Punkt ist, dass man nicht alle umstimmen muss, sondern nur eine kritische Masse." **Robert Axelrod, Mathematiker**

TIMESOZIAL (Österreich - Bayern)

Dieses Buch resultiert aus der einjährigen Konzeption des komplementären Währungsmodells **TIME**SOZIAL im bayrisch-oberösterreichischen Grenzraum (Projekt der Innbrücke21 - Lokale Agenda 21 der EU). In einer grenzüberschreitenden Arbeitsgruppe unter Beteiligung des Sozialhilfeverbandes Schärding, des Roten Kreuzes Altötting und Tauschringen wurden soziale Ziele als Schwerpunkt fixiert, da hier die Defizite und Potenziale am größten sind.

TIMESOZIAL ist die erste Umsetzungsphase des hier vorgestellten Gesamtmodells, basiert also auf einer Zeitbank und Zeitgutscheinen. Um eine Trennung zwischen sozialen, wirtschaftlichen und Vorsorgezielen zu erreichen, erfolgt eine Dreigliederung: **Nachbarschaftshilfe, Zeitvorsorge, Wirtschaftsnetz**. Dies entspricht der gewohnten Trennung im Geldbereich (Privatkonto, Sparbuch/ Altersvorsorge, Geschäftskonto). Da in der Nachbarschaftshilfe nur soziale Hilfsdienste geleistet werden, sind sie steuerfrei (in Österreich im Graubereich). Dies ermöglicht allen Bevölkerungsgruppen die Teilnahme. „Regelmäßige oder gewinnorientierte Tätigkeiten" dürfen aber nur im Wirtschaftsnetz ausgeübt und müssen versteuert werden.

TIMESOZIAL ist in Regionalgruppen gegliedert. Die erste Gruppe „Innviertel" startete am 12. 3. 2008 in Ried im Innkreis. Um das Verschenken von Zeit zu fördern, hat jede Gruppe ein Sozialkonto. Über dieses erfolgt Geldschöpfung als Grundversorgung mit Zeit für Menschen, die wenig Zeit und Geld haben (v.a. Alleinerziehende). Die TIME Altersvorsorge entspricht der Vorarlberger Zeitvorsorge. Kooperationspartner sind das Generationennetzwerk Österreich, der Talente-Tauschkreis Vorarlberg und die Zeitbank München.

2009 soll das TIME Wirtschaftsnetz starten. Es wird die **Sozialökologische Wirtschaftspartnerschaft** von Rudolf Grandits (Arbeiterkammer Niederösterreich) übernommen, ein innovatives Modell zur Förderung von Ökoenergie. Die Besonderheit ist die Schaffung eines unverzinsten Ökoenergiefonds, aus dem unter Beteiligung einer regionalen Bank **zinsfreie Ökoenergiekredite** vergeben werden. Durch eine einmalige Bearbeitungsgebühr von 7% können die Kredite in Regiogeld zurückbezahlt werden (Rücktauschgebühr von 7%). Diese Gebühr wird zu 100% an regionale Vereine und **TIME**SOZIAL Regionalgruppen ausgegeben. Eine weitere Innovation sind Regiogeldkonten, für die eine Kontoführungsgebühr abhängig vom Kontostand behoben wird (Umlaufsicherung von 1-3%). Daneben gibt es gebührenfreie Sparkonten. Langfristiges Ziel ist die Errichtung von Großanlagen und die Selbstversorgung der Region mit Ökoenergie.

Sozialökologische Wirtschaftspartnerschaft (SWP)

TIMESOZIAL **(Österreich – Bayern):**

- gemeinnütziger Verein
- Initiator: Tobias Plettenbacher
- Träger: Innbrücke21 (Lokale Agenda 21)
- Start 12. 3. 2008 Ried im Innkreis
- Internet: *www.timesozial.org*
- Ziel: großräumiges Netzwerk
  Regionalgruppen für jeden (Startpaket)
  auch für bestehende Tauschringe
- modulares 3 Säulen-Modell:
  Nachbarschaftshilfe (soziale Ziele)
  Altersvorsorge (Zeitsparmodell)
  Wirtschaftsnetz (wirtschaftliche Ziele)
- Verschenken von Zeit fördern:
  Sozialkonto für Regionalgruppen
- Kooperation mit Hilfsorganisationen: billige bis
  kostenlose Besuchsdienste Freiwilligenarbeit fördern
- Partner: Generationennetzwerk, Talente-Tauschkreis
  Vorarlberg, Zeitbank München
- Wirtschaftsnetz ab 2009: Barterring
  und eurogedecktes Regiogeld (SWP)

Sozialökologische Wirtschaftspartnerschaft:

- Modell zur Förderung von Ökoenergie
- Initiator: Rudolf Grandits (AKNÖ)
- eurogedecktes Regiogeld
- Rücktauschgebühr 7% (teils nur 5%) vollständig für
  regionale Vereine und **TIME**SOZIAL Regionalgruppen
- Bonus von 1 h Nachbarschaftshilfe beim
  Umtausch von 100 Euro in 100 Regio
- Regiogeldkonten mit Gebühr auf
  Soll und Haben (1-3% Umlaufimpuls)
- gebührenfreie Sparkonten
- Aufbau eines Euro-Regionalfonds
- Beteiligung einer regionalen Bank
- Ökoenergiekredite in Euro: einmalige Gebühr
  von 7%, rückzahlbar in Regiogeld
- Ziel: Errichtung von Großanlagen,
  Selbstversorgung mit Ökoenergie

Zukunftsvision und Nachwort

Komplementäre Währungen sind mächtige Werkzeuge zur Regionalentwicklung und Stärkung von Regionen sowie zur Förderung des „Sozialkapitals". Sie könnten in Zukunft einen Gegenpol zur Globalisierung und deren negativen Effekten bilden. Das **volle Potenzial** kann erst durch Kombination vieler Währungssysteme, bei Beteiligung von tausenden Menschen und der Gemeinden ausgeschöpft werden.

Eine **Vision** wäre, dass die Menschen der Zukunft mehr Vertrauen in ihre eigenen regionalen Währungen haben und diese „wertvoller" sind als der Euro, dass Zeitgeld das wichtigste regionale Zahlungsmittel und Zeit der Wertmaßstab ist. Euro oder andere internationale Währungen werden weiterhin für den Fernhandel benötigt. Ihr Wert beruht jedoch auf Energie oder anderen Ressourcen.

Regionale Währungen werden wesentlich zur Schaffung einer **Gemeinwohl-Ökonomie** beitragen: Ein Großteil der Produkte wird regional erzeugt, der Abfluss der Wertschöpfung ist minimal. Die Menschen in den Regionen sind wieder die primären NutznießerInnen, der von Ihnen geschaffenen Werte und bestimmen ihre Zukunft selbst. Die Regionen können nachhaltige, ökologische und soziale Projekte selbst finanzieren und umsetzen. Neben dem Aufbau generationenübergreifender **sozialer Netze** steht der Aufbau einer autarken Energieversorgung im Vordergrund, außerdem die Sicherstellung der Grundversorgung mit hochwertigen Lebensmitteln in einer klein strukturierten biologischen Landwirtschaft. Arbeitsintensive handwerkliche Tätigkeiten erlangen wieder einen hohen Stellenwert. Billigprodukte und Discounter werden verdrängt. Durch ein **Grundeinkommen** werden feste Arbeitsverhältnisse von flexiblen, geringfügigen und eigenverantwortlichen Tätigkeiten abgelöst: Die Menschen können das arbeiten, was sie gut können oder gerne tun. Die Arbeit verteilt sich gleichmäßig auf alle. Der Leistungsdruck verschwindet.

Ich bin überzeugt, dass der Weg zu einer besseren Zukunft über das Geldsystem führt. Bis eine solche oder ähnliche Zukunftsvision Realität werden kann, liegt aber noch ein langer Weg vor uns. Ich lade hiermit ein, gemeinsam neue Wege zu beschreiten. Das globale Motto lautet: **„Heute stehen wir vor dem Abgrund, morgen sind wir schon einen Schritt weiter!"** Nur welcher Schritt dies sein wird, das sollten wir weder unseren Ökonomen, noch unseren Politiker überlassen, sondern in unserer Region, unserer Heimat selbst in die Hand nehmen.

Aktuelle Infos zu „Neuem Geld" finden Sie unter *www.neuesgeld.com*.

Ein kleiner wertvoller Edelstein...

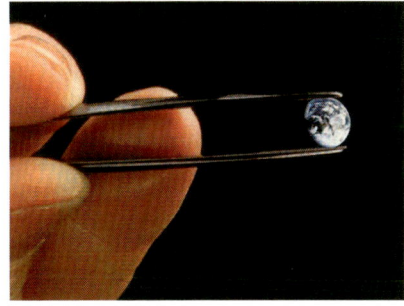

*„Erst wenn der letzte Baum gerodet,
der letzte Fluss vergiftet,
der letzte Fisch gefangen ist,
werdet ihr feststellen,
dass man Geld nicht essen kann."*
Prophezeiung der Hopi Indianer

Zukunftsvision:
» Regionalwährung für Menschen „wertvoller" als Euro
» Zeitgutscheine als regionales Zahlungsmittel
» Zeit als Wertmaßstab
» internationale Währungen auf Energiebasis für Fernhandel

Gemeinwohl-Ökonomie:
» Produkte großteils regional erzeugt
» minimaler Abfluss der Wertschöpfung
» autarke nachhaltige Energieversorgung
» Grundversorgung mit hochwertigen regionalen Lebensmitteln
» klein strukturierte biologische Landwirtschaft
» arbeitsintensive handwerkliche Tätigkeiten
» Verdrängung von Billigprodukten und Discountern
» Grundeinkommen, flexible Arbeitsmodelle
» gleichmäßige Verteilung der Arbeit
» Arbeitsstress und Leistungsdruck verschwinden

*„Der Weg des einsamen Wolfs ist zu Ende. Tut euch zusammen.
Verbannt das Wort Kampf und Mühsal von eurer Haltung und
aus eurem Vokabular. Alles was wir jetzt tun, muss auf
eine heilige Art getan werden, als Feier und als ein Fest.
Wir sind diejenigen, auf die wir immer gewartet haben."*
Botschaft der Hopi Ältesten 2001

*„Was keiner wagt, das sollt ihr wagen.
Was keiner sagt, das sagt heraus.
Was keiner denkt, das wagt zu denken.
Was keiner anfängt, das führt aus."*
Lothar Zenetti (Texte der Zuversicht)

Literatur

Die Fehlstrukturen unseres Geldsystems

» **Helmut Creutz, 1993: Das Geld-Syndrom** - Wege zu einer krisenfreien Marktwirtschaft, Wissenschaftsverlag Aachen, 6. Auflage 2004, 628 S., Volltext 1993 und 1997 unter *userpage.fu-berlin.de/~roehrigw/creutz/geldsyndrom/index.htm*

» **Helmut Creutz, 2004: Die 29 Irrtümer rund ums Geld**, Signum Wirtschaftsverlag, 303 S.

» **Günter Hannich, 2000: Börsenkrach und Weltwirtschaftskrise** - Der Weg in den 3. Weltkrieg, 4. Auflage 2005, 314 S.

» **Günter Hannich, 1998: Sprengstoff Geld** - Wie das Kapitalsystem unsere Welt zerstört, 4. Auflage 2004, 128 S.

» **Margrit Kennedy, 1994: Geld ohne Zinsen und Inflation** - Ein Tauschmittel, das jedem dient, Neuauflage 2006, 240 S., Volltext 1994 unter *userpage.fu-berlin.de/~roehrigw/kennedy*

» **Rainer Roth, 1999: Das Kartenhaus** - Staatsverschuldung in Deutschland, DVS Frankfurt, 429 S.

» **Bernd Senf, 2001: Die blinden Flecken der Ökonomie** - Wirtschaftstheorien in der Krise, Deutscher Taschenbuch Verlag, 303 S.

» **Bernd Senf, 1996: Der Nebel um das Geld** - Zinsproblematik - Währungssysteme - Wirtschaftskrisen, 7. Auflage 2004, Gauke Verlag für Sozialökonomie, 254 S.

» **Bernd Senf, 2004: Der Tanz um den Gewinn** - Von der Besinnungslosigkeit zur Besinnung der Ökonomie, Gauke Verlag für Sozialökonomie, 204 S.

» **Egon W. Kreutzer, 2005: Wolf's wahnwitzige Wirtschaftslehre Band III - Über das Geld**, EWK Verlag, 364 S.

» **Gustav Ruhland, 1903-1908: System der politischen Ökonomie**, eBook 2006 *www.vergessene-buecher.de*, Neuauflage geplant, 833 S.

Literatur

Komplementäre Währungen

» **Margrit Kennedy & Bernd A. Lietaer, 2004: Regionalwährungen** - Neue Wege zu nachhaltigem Wohlstand, 304 S., Auszüge unter www.futuremoney.de/geld/komplement_text.html, de.wikipedia.org/wiki/Komplementärwährung

» **Bernard A. Lietaer, 1999: Das Geld der Zukunft** - Ein Tauschmittel das jedem dient, 480 S.

» **Joachim Sikora & Günter Hoffmann, 2005: Vision eines „Regionalen Aufbruchs"**, KSI Katholisch Soziales Institut der Erzdiözese Köln, Bad Honnef, 214 S.

» **Joachim Sikora & Günter Hoffmann, 2001: Vision einer Gemeinwohl-Ökonomie** - auf der Grundlage einer komplementären Zeitwährung, KSI Katholisch Soziales Institut der Erzdiözese Köln, Bad Honnef, 176 S.

» **Günter Hoffmann, 1998: Tausche Marmelade gegen Steuererklärung Ganz ohne Geld** - die Praxis der Tauschringe und Talentbörsen, Piper Verlag, München, 174 S.

» **Günter Hoffmann, 2001: Seniorenhilfe Dietzenbach** - Guthaben auf dem Zeitkonto, Wiener Zeitung 12.1.2001, www.wienerzeitung.at/Desktopdefault.aspx?TabID=3946&Alias=wzo&lexikon=Arbeit&letter=A&cob=5706

» **Matthias Karkuschke & Dietmar Fischer, 2005: Machbarkeitsstudie - Komplementäre Währungssysteme für die Region Barnim-Uckermark**, www.wirtschaftsring-barum.de/files/Studie.pdf

» **Klaus Hardraht & Hugo Godschalk, 2004: Komplementärwährungsgutachten - Sparkasse Delitzsch-Eilenburg**, www.swschwedt.de/kunden/uckermark/projekte/gutachten.html

» **Rudo Grandits, 2007: Energiegedeckte Regionalwährungen** - Modell für eine Sozialökologische Wirtschaftspartnerschaft (SWP), www.neuesgeld.com/getfile.php?id=152

Literatur

» **Tobias Schneegans, 2003: Umlaufgesicherte Komplementärwährungen** - Gelingen und Scheitern in der Praxis, Zeuthen, *userpage.fu-berlin.de/~roehrigw/diplomarbeiten/Freigeldpraxis.pdf*

» **Robert Musil & Christian Rammer, 2002: Tauschkreise - Freigeld - Kreditgenossenschaften**. Regionale Alternativen zur kapitalistischen Geldwirtschaft? MGWU - Materialien zu Gesellschaft, Wirtschaft und Umwelt im Unterricht, 40 S.

» **Elisabeth C. Gründler, 2005: Komplementäres Geld** - Vorteile, Erscheinungsformen und Funktionsweisen, MoneyMuseum, Zürich, 79 S., *secure2.moneymuseum.com/frontend/personal/de/download/show*

» **Elisabeth C. Gründler, 2004: WIR-Bank - Gutes Geld für kleine Firmen**, brand eins 6/2004, *www.brandeins.de/ximages/14017_118wirbank.pdf*

» **Katharina Schwaiger, 2004: Taler, Taler du musst wandern** - Eine Einführung in Regiogeld, Schriftenreihe der Kontaktstelle für Friedensarbeit Heft 4, *www.friedensini.de/materialien/schriftenreihe/schriftenreihe_heft-4.pdf*

» **Siglinde Bode, 2005: Potentiale regionaler Komplementärwährungen zur Förderung einer endogenen Regionalentwicklung**: w*ww.regionales-wirtschaften.de/regionalentwicklung.de/ Siglinde_Bode_ 2005_Komplementaerwaehrungen_zur_endogenen_Regionalentwicklung.pdf*

Sonstige Lösungsansätze

» **Josef Huber, 1998: Vollgeld** - Beschäftigung, Grundsicherung und weniger Staatsquote durch eine modernisierte Geldordnung, Duncker & Humbolt, Berlin, 452 S., Kurzfassung 31 S. in „Der Hallesche Graureiher 2004-5" *userpage.fu-berlin.de/~roehrigw/huber*

» **Richard Douthwaite 2002: Die Ökologie des Geldes**, Heidelberg: Forschungsstätte der Evangelischen Studiengemeinschaft, 92 S. (deutsche Ausgabe Hans Diefenbacher), *www.feasta.org/documents/moneyecology/ EOM_German.pdf*

Literatur

» **Richard Douthwaite & Hans Diefenbacher, 1998**: Jenseits der Globalisierung - Handbuch für lokales Wirtschaften, Matthias-Grünewald-Verlag, Mainz, 390 S.

» **Dieter Suhr, 1988: Alterndes Geld** - Das Konzept Rudolf Steiners aus geldtheoretischer Sicht, Schaffhausen

» **Dieter Suhr, 1986: Befreiung der Marktwirtschaft vom Kapitalismus**, Berlin

» **Werner Onken, 1999: Silvio Gesell und die Natürliche Wirtschaftsordnung** - Eine Einführung in Leben und Werk, Gauke Verlag für Sozialökonomie, 194 S.

» **Hermann Benjes, 1995: Wer hat Angst vor Silvio Gesell** - Das Ende der Zinswirtschaft bringt Arbeit, Wohlstand und Frieden für alle, 7. Auflage 2005, 336 S., Anmerkung: sehr emotional, aufrüttelnd, teils aber sehr polemisch

» **Silvio Gesell, 1916**: **Die natürliche Wirtschaftsordnung** - durch Freiland und Freigeld, 389 S.

» **John Maynard Keynes, 1936: Allgemeine Theorie der Beschäftigung, des Zinses und des Geldes**, Berlin 1974

» **Robert Musil, 2001**: Geld, Raum und Nachhaltigkeit. Alternative Geldmodelle als neuer Weg der endogenen Nachhaltigkeit? Diplomarbeit an Univ. Wien

» **Thomas Betz 2000**: Globalisierung des Geldes. In: Zeitschrift für Sozialökonomie 125: 14-26

» **Christa Meyer, 1999**: „Proposals for an international Clearing-Union." John Maynard Keynes und sein Vorschlag zur internationalen Währungsordnung. Diplomarbeit an der Wirtschaftsuniversität Wien

Literatur

Kooperation und regionale Märkte

» **Hermann Laistner, 1986**: Ökologische Marktwirtschaft,
Verlag Max Hueber Ismaning, 256 S.

» **Robert Axelrod, 1984: Die Evolution der Kooperation**,
Verlag Oldenbourg München, 235 S.

» **Joachim Bauer, 2006: Prinzip Menschlichkeit** - Warum wir von Natur aus kooperieren, Hoffmann und Campe, 244 S.

» **Martin Demmeler, 2005: Regionale Vermarktung**:
Kurze Wege - doppelte Gewinne. In: punkt-um 11; S. 5-6

» **Christian Gelleri, 1998: Assoziative Wirtschaftsräume** - der Regio als regionale Komplementärwährung, 31 S., *www.chiemgauer.info/uploads/media/Assoziative_Wirtschaftsraeume_01.pdf*

Geld in der Geschichte

» **Stephen Zarlenga, 1999: Der Mythos vom Geld** - die Geschichte der Macht, Conzett Verlag bei Oesch, Zürich, 533 S.

» **Karl Walker, 1959: Das Geld in der Geschichte**, Neuauflage 1999: Conzett bei Oesch, Zürich, Download unter *userpage.fu-berlin.de/ ~roehrigw/walker/gdg.htm*

» **Hans Weitkamp, 1988: Das Hochmittelalter - ein Geschenk des Geldwesens**, Lindenberg

» **Hugo Godschalk, 1986: Die geldlose Wirtschaft** - Vom Tempeltausch bis zum Barter-Club, Basis Verlag Berlin

» **Friedrich Preisigke, 1971: Girowesen im griechischen Ägypten**.
Enthaltend Korngiro, Geldgiro, Girobanknotariat mit Einschluss des Archivwesens. Hildesheim, Olms 1971. 575 S. Oln. Nachdruck der Ausgabe von 1910

» **Roland Geitmann, 1989: Bibel, Kirchen, Zinswirtschaft** - Zeitschrift für Sozialökonomie Nr. 80, *userpage.fu-berlin.de/~roehrigw/geitmann*

Literatur

» **Fritz Schwarz, 1951**: **Das Experiment von Wörgl** - Ein Weg aus der Wirtschaftskrise, Bern, Neuauflage Synergia Verlag 2006; 88 S. Download unter *www.subhash.at/freigeld/woergl*

» **Silvio Unterguggenberger, 1957: Das Schwundgeld von Wörgl.** Diplomarbeit an der Hochschule für Welthandel Wien

» **Thomas Wendel, 1994: Gesellschaftliche Bedeutung und technische Funktionsweise umlaufgesicherter Zahlungsmittelsysteme** - Das Schwundgeldexperiment von Wörgl 1932 und Cabrican 1994 im Vergleich. Diplomarbeit am Otto-Suhr-Institut, Fachbereich Politische Wissenschaft, Freie Universität Berlin

» **Klaus Rohrbach, 2001: Freigeld** - Michael Unterguggenberger und das „Währungswunder von Wörgl", 144 S.

» **Gebhard Ottacher, 2007: Der Welt ein Zeichen geben** - Das Freigeldexperiment von Wörgl 1932/33. 86 S.

» **Wolfgang Broer, 2007: Schwundgeld** - Bürgermeister Michael Unterguggenberger und das Wörgler Währungsexperiment 1932/33, Studienverlag Innsbruck-Wien-Bozen, 398 S.

Finanzmärkte

» **Stefan Brunnhuber & Harald Klimenta, 2003:** Wie wir wirtschaften werden - Szenarien und Gestaltungsmöglichkeiten für zukunftsfähige Finanzmärkte. Redline Wirtschaftsverlag Frankfurt/Wien, 288 S.

» **Erich Kitzmüller & Herwig Büchele, 2004**: Das Geld als Zauberstab und die Macht der internationalen Finanzmärkte, LIT Verlag, Wien, 480 S.

Tonträger

» **ORF-Sendereihe Radiokolleg von Helmut Waldert, 1995: Geld frisst Welt**, 8 Kassetten (vergriffen), Anhören unter *userpage.fu-berlin. de/~roehrigw/audios/geld_frisst_welt* (RealPlayer Audio)

Literatur

» **ORF-Sendereihe Radiokolleg, 1999: Geld Macht Werte**, *shop.orf.at*

» **INWO-Hörbuch 2006: Helmut Creutz - Die 29 Irrtümer rund ums Geld**, 9:15 Stunden, TechniSat RADIOROPA Hörbuch 2006, *www.inwo.de*

» **INWO-Hörbuch 2006: Helmut Creutz - Das Geld-Syndrom**, 13:30 Stunden, TechniSat RADIOROPA Hörbuch 2006, *www.inwo.de*

» **INWO-CD: Der Fluss des Geldes**, 32 min, 5.00 EUR, *www.inwo.de*

» **Bayern 2 Radio - Geschichte und Geschichten von Bernd Grashoff, 2003: Das Geldwunder von Wörgl** (26.4.2003), 29 min, 5.00 EUR, CD bei *www.inwo.de*, Download unter *userpage.fu-berlin.de/~roehrigw/audios/geldwunder*

Filme

» **Yorick Niess, 2007: Der Geist des Geldes**, Kinofilm 88 min, *www.geistdesgeldes.com*

» **Max von Bock, 2005: Wie funktioniert Geld?** Animationsfilm 16 min, *www.maxvonbock.de*

» **INWO-DVD: Gerechtes Geld - Gerechte Welt - Erkenntnisse des Wirtschaftsanalytikers Helmut Creutz - Ein Film von Frieder Mayrhofer**, 67 min, *www.inwo.de*

» **DVD von Gerwald Soyka: Unser Geld zerstört die Welt! Warum? - Vortrag und Diskussion von Helmut Creutz** in Ried im Innkreis am 10.2.2006, 114 min, *www.inwo.de*

» **Mag. Norbert Perger & Egon Frühwirth: Michael Unterguggenberger und das Experiment von Wörgl**, ca. 30 min, Dokumentarfilm der Wörgler Filmamateure (WÖFA), *n.perger@chello.at*

» **SozialÖkologische Arbeits- und Wirtschaftsgemeinschaft NÖ: Waldviertler - Neues Geld für's Waldviertel**, 41 min, Arbeitsmarktservice Niederösterreich, Regie Urban Peyker, *www.subhash.at/freigeld/waldviertler.php*

Literatur

» **Peter Joseph: Zeitgeist, Der Film – Part III,** 116 min
www.infokrieg.tv/zeitgeist_deutsch.html

Links

» *www.neuesgeld.com* (Infos zu zukunftsweisenden Geldsystemen, Internet-basierte Plakatausstellung)

» *www.geldreform.de* (Wolfgang Roehrig - Archiv der deutschen Geldreformbewegung, Download vieler Bücher)

» *www.geldcrash.de* (Günter Hannich)

» *www.futuremoney.de* (Bernard A. Lietaer)

» *www.margritkennedy.de* (Margrit Kennedy)

» *www.freigeld.de* (Christian Gelleri)

» *www.egon-w-kreutzer.de* (Egon W. Kreutzer)

» *www.helmut-creutz.de* (Helmut Creutz)

» *www.klaus-popp.info* (Klaus Popp)

» *www.berndsenf.de* (Bernd Senf)

» *www.killerzins.de* (Roberto Ziera)

» *www.brainworker.ch/Geldtheorie* (Martin Herzog)

» *www.artfond.de/geldseite.htm*

» *www.systemfehler.de*

» *www.geldreform-jetzt.de*

» *www.nwo.de*

Literatur

Organisationen Österreich:

» Zeitbank **TIME**SOZIAL: *www.timesozial.org*

» Unterguggenberger Institut Wörgl: *www.unterguggenberger.org*

» Förderungsverein der Primärbanken: *www.primaerbanken.at*

» IGOS Initiative Geld ohne Schuld (Gerhard Margreiter): *members.eunet.at/gerhard.margreiter*

» 7-Generationen-Netzwerk (Markus Distelberger): *www.7generationen.at*

» [za:rt] - Verein für Zusammenarbeit regionaler Tauschsysteme: *www.zart.org*

» Initiative Taxos (DI Ernst Dorfner): *www.taxos.info*

Organisationen Deutschland:

» Initiative für natürliche Wirtschaftsordnung: *www.inwo.de*

» Christen für gerechte Wirtschaftsordnung e.V.: *www.cgw.de*

» Arbeitsgruppe gerechte Wirtschaftsordnung: *www.ag-gwo.de*

» Zeitschrift für Humanwirtschaft: *www.zeitschrift-humanwirtschaft.de*

» Humanwirtschaftspartei: *www.humanwirtschaft.de*

» Humonde - Wirtschaft Menschlich e.V.: *www.humonde.de*

» Equlibrismus - Das sozioökologische Wirtschaftskonzept: *www.equilibrismus.de*

» Stiftung für Reform der Geld- und Bodenordnung: *www.stiftung-geld-boden.de*

» Verlag für Sozialökonomie: *www.sozialoekonomie.info*

» Seminar für freiheitliche Ordnung: *www.sffo.de*

» Sozialwissenschaftliche Gesellschaft: *www.sozialwissenschaftliche-gesellschaft.de*

Literatur

» Verband der Regiogeld-Initiativen: *www.regiogeld.de*

» Regionales Wirtschaften: *www.regionales-wirtschaften.de*

» Money Network Alliance zur Erforschung und Entwicklung von Komplementärwährungen: *www.monneta.org*

Internationale Organisationen:

» CCC Complementary Currency Resource Center (Stephen DeMeulenaere): *www.complementarycurrency.org*

» STRO Social Trade Organisation (Strohalm Foundation, Stephen DeMeulenaere): *www.strohalm.net*

» WICC Wales Institute for Community Currencies (John Rogers): *wicc.newport.ac.uk*

» Value for People - Currency Design Guides (John Rogers): *www.valueforpeople.co.uk*

» IJCCR International Journal of Community Currency Research: *www.uea.ac.uk/env/ijccr*

» ACCESS Alliance of Complementary Currencies Enabling Sustainable Societies: *www.accessfoundation.org*

» FEASTA Foundation for the Economics of Sustainability (Richard Douthwaite): *www.feasta.org*

» NEF New Economics Foundation (UK): *www.neweconomics.org*

» The E. F. Schumacher Society (USA): *www.smallisbeautiful.org*

» Time Banks UK: *www.timebanks.co.uk*

» Time Banks USA: *www.timebanks.org*

» MoneyMuseum Zürich: *www.moneymuseum.com*

Reinhard Kaufmann
BAGS-Kollektivvertrag 2004-2007
Juristischer Kommentar und Analyse des neuen Kollektivvertrages für SozialarbeiterInnen
156 Seiten, € 12,

Dorothea Kocsis
Ohne Auto
Ein Versuch das Leben auf dem Land autofrei zu gestalten / 122 Seiten, € 15,-

Andrew Kilpatrick
Neue Straßen
Nutzen oder Schaden für die regionale Wirtschaft? / 156 Seiten, € 12,-

Marco Vanek
Von der Bewegung zur Partei
Die Entwicklungsgeschichte der Grünen Oberösterreichs / 210 Seiten, € 15,-

Tobias Plettenbacher
Neues Geld - Neue Welt
Die drohende Wirtschaftskrise - Ursachen und Auswege / 140 Seiten, € 15,-

Christine Plaimauer
Partnerschaftliche Alltagsorganisation
Von der (Un)möglichkeit der (Un)gleichheit / 236 Seiten, € 15,-

Bestellungen unter www.planet-verlag.at